Ein Blick auf die Welt mit 40

B. PREISLER

Ein Blick auf die Welt mit 40

Bibliografische Information der Deutschen Nationalbibliothek:
Die Deutsche Nationalbibliothek verzeichnet diese Publikation in der
Deutschen Nationalbibliografie; detaillierte bibliografische Daten sind
im Internet über dnb.dnb.de abrufbar.

© 2021 B. Preisler
Satz, Herstellung und Verlag: BoD – Books on Demand, Norderstedt
ISBN 978-3-7534-0653-4

Vorgeplänkel

Fast 40. Nicht mehr jung. Vermutlich schon halb tot. Aber rumheulen geht nicht, die ersten Schulfreunde sind tatsächlich tot. Dieses Buch ist keine Biografie und auch der Seelenstriptease hält sich in Grenzen. Es sollen lediglich einige Beobachtungen und Überlegungen eines im Jahre 2020 vierzigjährigen Menschen festgehalten werden. Soweit zur groben Blickrichtung.

Den ersten Entwurf dieser Einleitung und die darin enthaltende Beteuerung, mich vom Persönlichen fernzuhalten, habe ich gelöscht. Natürlich wird es persönlich. Am Pseudonym und der weitgehenden Vermeidung der Nennung von ‚Klarnamen' halte ich aber fest. Nicht übertreiben. Zum Verkündigen allgemeingültiger Wahrheiten bin ich nicht in der Lage. Mein Problem hierbei ist nicht, dass ich damit überfordert wäre, mir eine Wahrheit auszudenken und diese anschließend mit plausiblen Argumenten auch zu verkaufen. So etwas Ähnliches mache ich beruflich. Dazu habe ich hier aber keine Lust. Ich werde häufig das Wort ‚vielleicht' nutzen, aber nicht aus Ratlosigkeit, sondern vielmehr als Ausdruck der Vorsicht.

Es erscheint mir zu hoch gegriffen, zu versuchen, ein Porträt meiner Generation zu schreiben. Ich bin ein Kind der 1980er und 1990er. Alle zwischen 1975 und 1985 Geborenen sollten sich zwar schemenhaft in meinen Schilderungen wiedererkennen können, jedoch soll der Ansatz meines Buches keine literarische Variation der einschlägigen Popsongs (u.a. von ‚Jasper') sein. Ich möchte mich nicht auf nostalgische Erzählungen aus meiner Kindheit beschränken. In unserer Jugend gab es den C64 und heute begleitet uns das iPhone. In gewisser Hinsicht mag dies bemerkenswert sein, aber vielleicht wird die Bedeutung auch überschätzt. Spannender als Reflexionen über den technischen Fortschritt und der damit verknüpften kulturellen Entwicklungen erscheint es mir über meine derzeitige Position im Leben nachzudenken. In vierzig Jahren konnte ich vieles lernen. Meist aus Fehlern. Welche Lehren können und wollen wir unseren Kindern mitgeben? Diese Frage stellt sich für viele von uns seit einigen Jahren mit ungeahnter Vehemenz. Welche Erkenntnisse und Pläne nehmen wir für uns selbst in die zweite Hälfte des Lebens mit? Aber auch eine aktuelle Betrachtung unserer Gesellschaft konnte ich mir nicht verkneifen.

Ich lege hier meine Ideen und Hoffnungen offen, will aber nicht vorgaukeln, konkrete Antworten geben zu können. Unweigerlich bringt das Buch meine Gefühlslage zum Ausdruck. Da ich mich häufig fühle wie Brausepulver, mögen die Gedanken nicht immer logisch aneinandergereiht sein. Es ist ein Gefühl der langsamen Auflösung und der Vergänglichkeit. Aber auch ein intensiver und geiler Geschmack am Leben. Eine wesentliche Erkenntnis und zugleich ein bestimmendes Gefühl ist es zu erkennen, dass die Welt nicht Schwarz und Weiß ist. Es gibt einen großen Graubereich, in dem wir uns orientieren müssen und uns beständig mit komplexen Themen konfrontiert sehen.

Der eigentliche Antrieb zum Schreiben war es, mich einmal ohne Hektik und Alltagsstress mit einigen dieser

Themen zu beschäftigen. Daher habe ich mich in den Abend- und Nachtstunden ganz bewusst und entspannt vor die Tastatur gesetzt. Die Zeit der Ruhe war angenehm. So ist das mit 40 immer häufiger. Dann kam ‚Corona' und die ‚Ruhe' bekam eine etwas andere Färbung. Doch dazu später mehr. In einigen Passagen geht es, und das wird sehr deutlich werden, auch um Frustbewältigung. Eine besondere Struktur habe ich mir für dieses Buch nicht überlegt. Eine grobe Orientierung an der Chronologie macht vermutlich Sinn, aber eigentlich reihen die Kapitel nur meine Gedanken zu einzelnen Lebensabschnitten und Fragestellungen aneinander.

1. Kindheit, Schule und Familie

Mit der Kindheit und meiner Jugend zu beginnen erscheint naheliegend. So können sich dann auch die Hobbypsychologen gleich zu Beginn austoben. Mir erscheint die Frühphase für unser Leben und die Beantwortung der hier behandelten Fragen insgesamt von nachrangiger Bedeutung, was ein vergleichsweise kurzes Einstiegskapitel verspricht. Mir ist bewusst, dass der Kindheit oftmals auf eine Art Podest gestellt wird. Überzeugt haben mich solche Aussagen nie. Genetik vs. Erziehung? Vermutlich liegt die Wichtigkeit irgendwo in der Mitte. Natürlich sind Kindheit und Jugend in gewisser Hinsicht ‚prägend'. Aber ich kann mich, selbst wenn ich mich bemühe, kaum an konkrete Einsichten oder Empfindungen erinnern, die ich als Achtjähriger hatte. Das mag für die Unglücklichen, die eine traumatische Erfahrung machen mussten, anders sein, aber für die Mehrheit werden sich nur wenige Ereignisse in der frühen Kindheit identifizieren lassen, die eine nachhaltige und substanzielle Auswirkung auf ihr späteres Leben hatten.

An die Jugend, also vielleicht an die Zeit ab dem zwölften Geburtstag, habe ich hingegen recht detaillierte Erinnerungen. Aber auch hier zum Glück keine traumatischen. Als Jugendlicher trifft man unweigerlich dumme Entscheidungen. Erwachsene ebenso. Der wesentliche Unterschied scheint mir darin zu bestehen, dass die Konsequenzen dummer Entscheidungen im Erwachsenenalter meist aber nicht immer schwerer wiegen.

Jugendliche ohne Vorstrafen haben ihre Zukunft noch vor sich. Ihre früheren Leichtfertigkeiten können sich durch spätere Entscheidungen korrigieren lassen. Meiner Ansicht nach sollten wir Begründungen für Schwierigkeiten in unserem Leben in den meisten Fällen nicht immer und in erster Linie auf die Kindheit beziehen. Die Eltern sind schuld? Diese Erklärung ist zu einfach. Die Gesellschaft oder die äußeren Umstände sind schuld? Diese Begründung ist zu abstrakt und letztlich eine faule Ausrede. Außerdem erscheint es zumindest in Deutschland wenig überzeugend, sich auf mangelnde Chancengleichheit zu berufen – bis auf wenige Ausnahmen und auch dann gibt es Grenzen. Nein, wir tragen für unser Leben selbst die Verantwortung. Unsere Eltern können uns eine große Hilfe sein oder im schlimmsten Fall eine fortwährende Belastung darstellen. Aber für unsere Entscheidungen müssen wir uns selbst verantworten. Vieles scheint bei ehrlicher Betrachtung an uns selbst zu liegen. Es gibt Glück und Pech sowie bessere und schlechtere Voraussetzungen, aber alles in Grenzen. Ich mache meinen Eltern jedenfalls keine Vorwürfe, aber auch die Dankbarkeit ist nicht grenzenlos. Als Vater bin ich nun dabei, die ganzheitliche Perspektive auf Kindheit und Jugend kennenzulernen. Ein wesentlicher Aspekt ist es dabei zu hinterfragen, wozu beziehungsweise wofür die Voraussetzungen besser oder schlechter sind. Beziehen wir unsere Interpretation primär auf die schulischen Leistungen oder beruflichen Qualifikationen? Oder gibt es auch andere Voraussetzungen für ein glückliches Leben? Steht tatsächlich der ‚Persuit of Happiniess' im Mittelpunkt?

1.1 Schule

Natürlich möchte ich nur das Beste für meine Kinder und versuche ihnen aktiv ‚gute' Voraussetzungen mitzugeben. Gleichzeitig spüre ich die Grenzen meines Einflusses. Die Welt wartet nicht. Unsere Kinder und Jugendlichen existieren nicht in einer Blase. Erst den Kindergarten, dann die Schule. Unsere Kinder laufen durch die gleichen Institutionen wie wir. Ich kann mich daran erinnern, dass mir diese oftmals als ‚dunkel' empfundenen Einrichtungen nicht besonders gefallen haben. Zur Schule bin ich nie gerne gegangen. Erst in Richtung Abitur und Freiheit, wog der Druck nicht mehr so schwer und es gab einen weitgehend versöhnlichen Abschluss.

Es gibt vermutlich für jeden von uns spezifische Aspekte in Bezug auf die Erziehung, die wir besser machen wollen als unsere Eltern. Meist können wir uns an diese heiligen Schwüre in unseren heutigen Lebenssituationen nur noch dunkel erinnern. Mein Schwur lautete, meine Kinder in Bezug auf die Schule nicht unter Druck zu setzen und gleichwohl ein waches Interesse an ihrem Alltag zu haben. Meinem Vater war die Schule egal, zumindest, solange die Noten gestimmt haben. Meine Mutter hat zu Beginn penibel auf die Hausaufgaben geachtet und war äußerst streng bei ihrer Kontrolle derselben. Beide haben kein Abitur. In unserer Generation ist dies nicht ungewöhnlich. Arbeiterkind zu sein war für mich ‚natürlich' und stellte keine besondere Belastung dar. Als ich als Erster in meiner Familie ‚Abitur machte', waren meine Eltern, glaube ich, stolz. Vielleicht waren sie aber in erster

Linie auch nur beruhigt und erleichtert. Aus ihrer Sicht war alles gut gegangen. Der Junge hat Abitur. Die Eltern haben ihre Pflicht erfüllt. Ende gut, alles gut? Richtig war, dass tatsächlich eine solide Grundlage gelegt worden war. Mit dem Abitur stand mir alles offen. Der Weg bis dahin war weit, aber unser Gefühl ungetrübt – es hatte sich gelohnt. Wie hoch war der Druck tatsächlich und wie viele Tränen flossen? Keine Ahnung. Ehrlich. Es können zumindest nicht zu viele gewesen sein. Aber natürlich ist auch das Abitur keine Garantie fürs Glück. Daran sollten wir vielleicht gelegentlich denken, wenn wir die Tränen unserer Kinder beiseite wischen.

Wie viel Druck möchte ich nun auf meine Kinder ausüben? Eine solide Grundlage ist wichtig, aber auch nicht um jeden Preis zu erkaufen. Wie kann man die Balance halten? Der Kindergarten ging an unserer kleinen Familie recht schnell vorüber. Beim ersten Kind haben wir die Kita zweimal gewechselt, aber solange die Kinder gesund waren und in der Kita spielen konnten, war für uns insgesamt alles in Ordnung. Bei den kleinen Kindern sind die Sorgen ohnehin andere. Mit der Einschulung haben wir uns dann etwas eingehender mit den pädagogischen Rahmenbedingungen beschäftigt. Meine Frau war dabei viel aktiver und hat sich mit verschiedenen Konzepten auseinandergesetzt. Ist jahrgangsübergreifendes Lernen gut oder schlecht? Solche Fragen waren und sind mir bis heute gleichgültig. Vieles wird sich mit der Zeit klären und hängt auch vom jeweiligen Kind ab. Während ich also zumindest anfangs einigermaßen entspannt bleiben konnte, ertappe ich mich nun im Alltag dabei, wie auch ich regelmäßig die Hausaufgaben kontrolliere. Um diese Aufgabe habe ich mich nicht beworben, aber Sie wird von Frau und Kind von mir erwartet. Ein Problem ist dies nicht, aber ich werde durchaus als vermeintlich streng empfunden. Teilweise bin ich zweifellos auch zu ungeduldig. Mit Corona hat sich diese Ungeduld zumindest in den ersten Wochen des Homeschoolings noch mal deutlich verstärkt. Grundschülern den Lernstoff zu vermitteln, erscheint unter ‚normalen' Bedingungen nicht besonders schwierig zu sein. Haben die Eltern jedoch mit beruflichem Stress bis hin zu Existenzängsten zu kämpfen, ergibt sich eine ungute Anspannung. Die Beschulung der Kinder wird als Belastung empfunden, was die Kinder merken und entsprechend darunter leiden. Aber ok, eine Ausnahmesituation, auf die später noch gesondert einzugehen ist. Kein Grund, die Selbstkritik zu übertreiben.

Meine Tochter hat keinen Bock auf Schule. Intrinsische Motivation? Fehlanzeige. Zumindest bis hierhin. Ich kann als Grundschüler nicht anders gewesen sein. Nun beobachte ich mich selbst dabei, sie anzutreiben. Nicht extrem, aber ich versuche mich bereits bewusst zu bremsen. Ich erinnere mich an meinen Schwur aus Kindertagen und frage mich, ob ich ihn einlösen kann. Es ist nicht einfach. Die Anfänge meiner Schulzeit liegen 30 Jahre zurück! Mir fehlt der unmittelbare Bezug. Die Perspektive der heutigen Achtjährigen ist mir versperrt. Das ist nicht weiter traurig. Ich möchte selbst nicht mehr zurück, aber die Sensibilität der Kinder, wie bedeutsam ihnen alles scheint, will ich nicht verlachen. Aber überhöhen möchte ich es ebenfalls nicht. Es gibt viele Eltern, auch meine Frau tendiert dazu, die meinen, die Befindlichkeiten der Kleinen auf ein Podest zu stellen und ihnen wirklich alles erläutern zu wollen. Muss das sein? Ein wenig Befehlston darf es ab einem gewissen Punkt schon sein. Zumal auch die Helikopter häufig genug selbst die Geduld verlieren und genervt sind. Insbesondere wenn es morgens zeitlich eng wird, und das wird es mit der Schulzeit unweigerlich, müssen die Socken auch innerhalb von fünf Minuten angezogen werden können. Über die Farbe möchte ich dann nicht mehr verhandeln. Und der Fernseher bleibt, wenn es nach mir geht, auch aus, solange nicht alle Hausaufgaben erledigt sind.

Insgesamt ist es mein Eindruck, dass sich die strukturellen Rahmenbedingungen in Bezug auf die Schule erheblich verändert haben. Ich bin mir nicht sicher, dass heute bereits mit dem Abitur eine solide Grundlage für meine Kinder sichergestellt wäre. Gefühlt machen heute beinahe alle Kinder Abi. Die verfügbaren Statistiken zur Abiturientenquote untermauern dieses Gefühl. Im Jahr 2000 lag diese Quote noch bei rd. 37 Prozent, um bis zum Jahr 2015 auf 53 Prozent anzusteigen (Quelle: Wikipedia). Wie wird es 2030 aussehen und was folgt dann daraus? Werden unsere Kinder ohne Abitur chancenlos sein? Die Entwicklungen auf dem Arbeitsmarkt deuten darauf hin, dass auch Nicht-Abiturienten eine gesicherte berufliche Zukunft haben. Haben Sie in letzter Zeit versucht, einen ‚zeitnahen' Termin mit einem Handwerker zu vereinbaren? Ein selbstständiger Handwerksbetrieb scheint nicht zwangsläufig eine unsichere oder ‚zweitklassige' Zukunft zu versprechen. Es wäre vermessen und ein trauriges Weltbild aus diesen Statistiken ableiten zu wollen, dass fast die Hälfte unserer Kinder ‚schlechte'

Voraussetzungen haben. Insbesondere, wenn wir die zu Beginn gestellte Frage nach dem ,Wozu' mit dem ,glücklichen Leben' beantwortet haben, sollten wir doch eine etwas differenziertere Interpretation und Einstellung an den Tag legen – der Fernseher bleibt aber trotzdem aus, bis die Hausaufgaben fertig sind.

Es ist sehr gut möglich, dass diese Überlegungen in die völlig falsche Richtung gehen. Zerbreche ich mir hier den Kopf über Fragen, die meine Kinder allein lösen werden?

Um meinen Kindheitsschwur einzulösen, werde ich mich wohl einem höheren Maß an Verantwortung stellen müssen. Es wird nicht reichen, mir Scheuklappen aufzusetzen und meine Kinder durch Druckausübung zum Abitur zu pushen. Das mag in den 1990-er oder auch 2000-er-Jahren noch ,ausreichend' bzw. berechtigt gewesen sein. Für 2030 muss dies aber nicht mehr gelten. Meine Verantwortung möchte ich ganzheitlicher verstehen. Ich will keine Angst haben und mich keinem Fatalismus hingeben, wenn am Ende des Schulweges meiner Kinder kein Abitur steht. Ich versuche meinen Kindheitsschwur zu erfüllen und diesen dabei, falls notwendig, auch etwas zu modernisieren. Mein Blick soll auf die konkreten und individuellen Bedürfnisse meiner Kinder gerichtet sein. Im alltäglichen Umgang mit ihnen möchte ich die Geduld bewahren, auch wenn es auf Arbeit wieder stressig war. Auch wenn der zweite oder der dritte Lockdown kommt. Amen.

Soweit zu den Gedanken in Bezug auf die eigene Situation. Interessant ist es, dass es in den letzten Jahren fast unmöglich geworden ist, sich hierauf zu beschränken.

Sobald die Kinder da sind, bestimmen sie die Unterhaltungen mit Freunden und Bekannten. Auffällig ist, dass eine hohe Anzahl neuer Bekannter hinzukommt, deren einziger Anknüpfungspunkt darin besteht, auch Kinder zu haben. Meine Frau sorgt für einen konstanten Nachschub entsprechender Bekanntschaften. Bis auf wenige Ausnahmen versuche ich mich zu entziehen, aber ein Entkommen gibt es nicht.

Also einziges Gesprächsthema: Kinder und was diese gerade im Kindergarten, in der Schule oder im Sportverein machen. Natürlich gibt es immer das leidige »Unser Kind kann schon dies und das und überhaupt [...]«. Ich schalte dann auf Durchzug. Manchmal hilft es. Hauptdiskussionsgegenstand ist und bleibt aber die Schule. Was liegt im Argen, was muss verbessert werden? Jeder kennt sich aus, jeder weiß es besser. Für mich hat sich der Eindruck erhärtet, dass eigentlich niemand wirklich die große Ahnung hat. Hierbei schließe ich die Lehrer unter den Freunden und Bekannten explizit ein. Manche Lösungsvorschläge gefallen mir mehr als andere, decken sich mit meinen Vorstellungen und Präferenzen, aber im Sinne eines ganzheitlichen Ansatzes oder Schulsystems konnte mich noch nichts überzeugen.

Die Vorschläge und Konzepte der Lehrer beinhalten stets in mehr oder minder starker Ausprägung die Forderung nach zusätzlichen Ressourcen. Mehr Geld möchte wohl jeder. Ich kann es ihnen nicht verübeln, denke mir aber häufig mit einem ‚Jammern auf hohem Niveau‘ konfrontiert zu sein. Über die Auswirkungen in Bezug auf Qualität und Quantität bin ich mir unsicher. In Bezug auf die Qualität, die schwer zu beurteilen ist, habe ich noch nicht einmal Bauchschmerzen. Die Auswahl des Lehrerberufes scheint mit bestimmten Persönlichkeitsprofilen zu korrelieren, die natürlich insbesondere in der Freude am Umgang mit jungen Menschen (Kindern) einen gemeinsamen, charakteristischen Nenner haben (sollten). Soweit ich es überblicken kann, stimmt hier die Substanz. Klar gibt es auch die Lehrer, die in der Berufswahl durch den Wunsch, eine möglichst ruhige Kugel zu schieben, geleitet werden. Die gab es schon immer. In der Mehrzahl habe ich aber einen positiven Eindruck gewonnen und keine übertriebenen Bedenken, meine Kinder der Obhut ihrer Lehrer anzuvertrauen.

Würde ein höheres Gehalt substanziell etwas ändern? Schwer vorstellbar. Das Gehalt und die ohnehin vorhandenen nicht-monetären Vorzüge müssen natürlich hinreichend attraktiv bleiben. Meine Befürchtung wäre aber, dass nur die Zuteilung von mehr Geld hier eine zusätzliche Anziehung auf die ‚ruhige Kugel Lehrer' ausüben würde. Wenn wir aber über Quantität sprechen und das häufige Gesprächsthema Lehrermangel, sehe ich einen vielversprechenden Ansatzpunkt eher darin, den ‚Quereinstieg' für gestandene Persönlichkeiten aus dem Berufsleben zu erleichtern. Diese bringen in meiner Wahrnehmung eine recht hohe Motivation mit und stellen auch vergleichsweise moderate Forderungen an die Vergütung. Sie sind bereit, Abstriche von ihren Gehältern hinzunehmen, da sie die nicht-monetären Vorteile des Lehrerberufs besonders zu schätzen wissen. Ein wichtiger Aspekt ist aus meiner Sicht, dass die Verantwortlichen und Entscheider in den Behörden etwas mehr Demut an den Tag legen. Die Forderung nach einer Erleichterung des Quereinstiegs soll die pädagogischen Qualifikationen nicht abwerten, aber gegenwärtig erscheinen hier doch eher Eintrittsbarrieren gepflegt zu werden, um Besitzstände zu schützen. Im Interesse der Kinder wäre es vermutlich sinnvoll, diese Barrieren kritisch zu hinterfragen und über einen vereinfachten Zugang zumindest die Quantität des Bildungs- und Betreuungsangebots zu erhöhen, ohne hierbei Einbußen in der Qualität befürchten zu müssen.

Im Zweifel hätte ich bei einer Fokussierung des vorhandenen Budgets in Richtung Bildung nichts einzuwenden, insofern die Wirtschaftlichkeit im Blick behalten wird. Auch die Quantität ist dabei nicht irrelevant. Auch wenn meine Kinder noch jung sind, rufen die vielen ausgefallenen Schulstunden bei mir Kopfschütteln hervor. Wichtiger als die Diskussion über die Ressourcen erscheint mir allerdings die Diskussion über Vereinheitlichung und Kompetenzverteilung. Meine Sichtweise dazu hat sich über die Jahre verfestigt. Je mehr Vielfalt und Auswahlmöglichkeiten, desto besser. Gerade weil mir kein einzelnes System als eindeutig überlegen und für alle Kinder am besten geeignet erscheint, begegne ich allen Vorschlägen zur Vereinheitlichung mit großer Skepsis. Durch Corona, da sind wir wieder beim Thema dieser Tage, ist nun auch deutlich geworden, dass es viele (digitale) Alternativen und flexible Lösungen gibt. Es scheint ein weitgehender Konsens darüber zu bestehen, dass hier noch viel Raum für Optimierung besteht und auch das zusätzliche Budget an dieser Stelle als gut investiert anzusehen ist.

1.2 Familie

Unsere Kindheit war noch von einem eher traditionellen Familienbild geprägt. Mutter, Vater und Kind(er). Die Großeltern, Tanten und Onkeln waren in der zweiten Reihe auch noch vergleichsweise präsent. Der Vater war in fast allen Fällen der Hauptverdiener bzw. Ernährer und hat sich der Erziehung der Kinder meist eher sporadisch angenommen. Auf meinen Vater traf dies mit Sicherheit zu, was vielleicht auch nicht immer schlecht gewesen sein mag. Die Mutter war zumindest in nicht wenigen Fällen ebenfalls berufstätig. Häufig, so auch bei uns, war aber die Elternzeit deutlich länger, als dies heute üblich ist. Mangelnde Teilzeitmodelle oder eingeschränkter Zugang zu Betreuungsangeboten waren hier in meiner Wahrnehmung kein oder zumindest kein unüberwindbares Hindernis. Meine Mutter (Jahrgang 1956) war als Schreibkraft beschäftigt und steht heute unmittelbar vor der Rente. Ihre Rentenbezüge werden nicht üppig ausfallen, aber es wird schon reichen.

Auffällig, und dass empfinden wir intuitiv fast alle unmittelbar ist, dass unsere Eltern deutlich jünger waren, als ihre Kinder (wir) geboren wurden. Mit 24 Jahren lag meine Mutter damals ziemlich im Durchschnitt, während das Durchschnittsalter bei der ersten Geburt heute bei knapp über 30 Jahren liegt (Quelle: Bundeszentrale für politische Bildung). Das höhere Durchschnittsalter hat zumindest gefühlt nicht unwesentlich mit der Entwicklung modernerer bzw. flexiblerer Familienstrukturen zu tun. Vereinfacht gesagt, leben wir in unseren Partnerschaften zumindest auf den ersten Blick, gleichberechtigt(er). Auch das Verständnis von Partnerschaft hat sich ‚ausgeweitet'. Sogenannte ‚Patchworkfamilien' gehören heute eigentlich zum Alltag oder sind zumindest kein Anlass für hochgezogene Augenbrauen.

Unsere Generation hat in meiner Wahrnehmung zumindest mehrheitlich auch keine grundsätzlichen Vorbehalte mehr gegen gleichgeschlechtliche Partnerschaften. Die entsprechenden Rechte wurden meist von den direkt betroffenen Personen während der letzten Jahre schwer erkämpft. Dabei habe ich mir als ‚Zuschauer' häufig die Frage gestellt, wie weit die Gleichberechtigung eigentlich gehen soll und bemerkte dabei in einigen Aspekten wie Ehe und Kindererziehung, dass mein Familienbild teilweise noch ‚traditionell' geprägt war. Über meine damaligen Vorbehalte gegen eine gleichgeschlechtliche Ehe, die nicht tief verwurzelt bzw. dogmatisch begründet waren, vermag ich heute müde zu schmunzeln. Ich habe die Bekanntschaft mit gleichgeschlechtlichen Ehepaaren gemacht und mittlerweile auch ausreichend eigene Ehejahre auf dem Buckel, um davon überzeugt zu sein, dass jede Ehe unabhängig vom Geschlecht der Partner Höhen und Tiefen haben wird. Eine (steuer-)rechtliche Diskriminierung erscheint mir heute beschämend, aber soweit noch diskriminierende Umstände Bestand haben, bin ich hier vorsichtig optimistisch, dass diese auch bald überwunden sein werden.

Die Kindererziehung bzw. die Adoption und (künstliche) Schwangerschaften bleiben bei mir die letzten Punkte, an die ich mich noch gewöhnen muss. Aber auch in diesen Punkten bin ich nicht in dem Sinne ‚dagegen', dass ich nun eine gesetzliche Diskriminierung oder andere administrative Einschränkungen befürworten würde. Wegen dieser Themen liege ich nachts nicht wach und ich vermute, das geht unserer ganzen Generation so, was im Vergleich zur Generation unserer Eltern schon eine Luxussituation darstellt.

Insgesamt scheint sich für mich der Begriff ‚Blut ist dicker als Wasser‘, aber auch bei einem ‚ausgeweiteten‘ Verständnisses des Begriffes Partnerschaft zu bestätigen. Die Familie hält zumindest im Idealfall zusammen. Klar gibt es häufig Streit. Gerade in der Partnerschaft erleben wir Schwierigkeiten. Das war schon immer so und muss eigentlich nicht besonders erörtert werden. Im Vergleich zur Generation unserer Eltern ist die Scheidungsquote zwar grundsätzlich höher, aber der ‚Trend‘ ist hier keineswegs eindeutig ansteigend. Während die Quote 1980 und 1990 jeweils bei knapp 30 Prozent lag, wurde 2005 mit 51,92 Prozent der Höchststand erreicht (Quelle: Statista GmbH). Seitdem nahm die Quote beständig ab und lag 2018 bei rd. 33 Prozent. Sowohl statistisch als auch gefühlsmäßig ist der Unterschied zwischen unserer Generation und unseren Eltern weit weniger ausgeprägt als zwischen unseren Eltern und unseren Großeltern. 1960 lag die Scheidungsquote in Deutschland bei rd. 10 Prozent. Was sagen diese Zahlen aus? Schwierig. Eine mögliche Interpretation wäre, dass uns grundsätzlich viele Angebote zur Eheberatung offenstehen, aber es auf der anderen Seite auch selten (wirtschaftliche) Zwänge gibt, an einer kaputten Beziehung festzuhalten. Eine Stigmatisierung von Scheidungskindern kann ich im Alltag nicht erkennen, aber dieses Thema lässt mich schon eher wach liegen. Meine Kinder sind eine sehr reale Motivation, auch aktiv an meiner Ehe ‚zu arbeiten‘ und vielleicht auch den einen oder anderen zusätzlichen Kompromiss einzugehen. Die Ehe verdient heute keine mystifizierende Glorifizierung mehr. Aber es ist einfach ‚schön‘, wenn es einigermaßen funktioniert. Vielleicht ist es aber auch nur ‚bequem‘? Nein, nicht wirklich. Bequemlichkeit reicht nicht aus, um dauerhaft an einer schwierigen Partnerschaft festzuhalten. Hoffe ich zumindest, aber zum Thema Liebe sage ich später noch etwas.

Eine auffällige bzw. systematische Entwicklung in Bezug auf das Familienbild in unserer Generation erscheint eher in der zweiten Reihe stattzufinden. In meiner Kindheit und Jugend galt immer der Spruch »Familie kann man sich nicht aussuchen«. Meine Familie ist insgesamt recht unspektakulär. Es gibt die üblichen Macken, aber keine wirklichen Extreme. Während es somit keine objektiven Gründe dafür gibt, sich bewusst und dauerhaft zu meiden, ist die Beziehung nicht eng. Vielen meiner Freunde erscheint es ähnlich zu ergehen. Der Freundeskreis ist enger und wichtiger als irgendwelche Onkel oder Cousinen, mit denen man bis auf die Verwandtschaft keine Verbindungen oder gemeinsame Interessen hat. Es ist aber schwierig, hier allgemeine Aussagen zu formulieren. Ausnahmen mögen die Regel bestätigen.

Als Generation sind wir in Bezug auf unsere familiären Bindungen nicht unbedingt ‚besonders‘, aber im Einzelfall vielleicht doch etwas flexibler aufgestellt als vorherige Generationen. Wir sind nicht oberflächlicher geworden, haben uns aber insgesamt etwas stärker abgenabelt. Die Verwandten waren über die Kindheitsjahre einfach immer ‚da‘ und bildeten in gewisser Hinsicht eine Konstante bzw. eine Form der Geborgenheit. Es ist aber nicht mehr üblich, dass man auf Drängen der Eltern bei ‚Onkel Werner‘ in der Werkstatt eine Festanstellung annimmt (Quelle: Die Ärzte, ‚Junge‘), um seine Zukunft abzusichern. Aber die große Revolution ist dennoch ausgeblieben. Die meisten von uns würden zwar für sich reklamieren, einen ‚weiteren‘ Blick auf die Welt zu haben und sich auch getraut zu haben, ihre Ziele höhergesteckt zu haben (Ihren ‚Träumen‘ gefolgt zu sein), aber stimmt das wirklich? Könnt Ihr ‚Manfred Musterman‘ von Blumentopf anhören, ohne einen Kloß im Hals? Die meisten von uns kennen zwar eine Monika, die in Lanzarote taucht, aber der beschriebene Lebenslauf über den Schwangerschaftstest von Inge bis hin zum Mercedes ist doch gar nicht so weit weg. Aber wir sind erst vierzig, keine Großeltern und können etwas ändern.

Ein letzter Gedanke zur Familie, insbesondere auch zur zweiten Reihe, ist, dass dieser früher eine Art ‚Maßstab‘ für ‚Normalität‘ war. Hier sehe und erlebe ich die größte Veränderung. Diese alte Wertbestimmung wurde von uns ausgemustert. Wir haben insgesamt eine gesündere Sichtweise auf ‚Normalität‘ entwickelt und schauen nicht auf Lebensentwürfe herab, die von denen innerhalb unserer eigenen Familie vorhandenen abweichen. Natürlich pflegen wir weiterhin unsere Vorurteile und können, wie jede Generation grundsätzlich über alles und jeden lästern. Darüber, ob wir uns hierbei ‚politisch korrekter‘ verhalten, lässt sich streiten –hierzu später mehr.

2. Jugend

Unsere Jugend erscheint Dreh- und Angelpunkt für unser Leben zu sein. Daher wollte ich die Gedanken zur Jugend auch von den einleitenden Aussagen zur Kindheit und Familie trennen. Ohne die Jugend glorifizieren zu wollen, was für Vierzigjährige nicht einfach ist, möchte ich die etwas banale These aufstellen, dass wir in unserer Jugend maßgeblich geprägt werden. Sie bleibt uns in Erinnerung und bildet den ‚Maßstab' für die Beurteilung unseres Lebenswegs – und ja, auch unserer Erfolge und Misserfolge. Gerade in Situationen, in denen die »was wäre gewesen, wenn …?«-Fragen uns zunehmend bedrängen, wofür wir als Vierzigjährige anfällig zu sein scheinen, zeigt sich die Prägung der Jugendjahre besonders deutlich.

Wie können wir »unsere« Jugend grob eingrenzen? Basierend auf geläufigen Definitionen (Quelle: Google, erster Treffer) zählt der Jahrgang 1980 zur sog. ‚Generation Y' und wird gemeinsam mit den Geburtsjahrgängen bis 2000 auch unter ‚Millennials' oder ‚MTV-Generation' zusammengefasst. Als Abgrenzung zur Nachfolgegeneration wird herausgestellt, dass diese vollkommen in einer digitalen Welt aufwachsen (sog. ‚Digital Natives'). Als Digital Native gehe ich sicher nicht durch und kann mich mit dieser groben Abgrenzung anfreunden, aber für den Jahrgang 2000 kann ich dennoch mit Sicherheit nicht sprechen. Meine Schwester wurde 1985 geboren. Diese fünf Jahre schienen mir während meiner Kindheit einen großen Unterschied auszumachen. Wir lebten scheinbar in verschiedenen Welten. Heute haben wir ein gutes Verhältnis. Wir leben 300 Kilometer voneinander entfernt, aber telefonieren etwa einmal die Woche und sind nett zueinander. Unsere Lebensumstände sind sich mittlerweile auch einigermaßen ähnlich, also: verheiratet, Kind(er), geregelte Verhältnisse. Die fünf Jahre fallen nicht mehr ins Gewicht und die Zuordnung zu einer ‚Generation' erscheint stimmig. Es ist kaum möglich, eine Abgrenzung zu finden, die nicht im höchsten Maße arbiträr wäre. Wenn ich eine Grenze definieren müsste, würde ich den Strich etwa bei 1985 ziehen und somit alle Jahrgänge zwischen 1975 und 1985 in ‚meine' Generation miteinbeziehen. Das hat den großen Vorteil, dass ich als Jahrgang 1980 aus der Mitte dieser Generation schreiben kann. Aber es spricht vielleicht auch sonst noch einiges dafür. Deutschland vereinigt sich wieder, Andy Brehme verwandelt den Elfmeter gegen Goycochea. Prägende Kindheitserinnerungen für viele zwischen 1975 und 1985 in Deutschland zur Welt gekommenen Hosenscheißer. Den ersten Golfkrieg (Irak) würde ich hier auch nennen, um auch für alle nicht in Deutschland geborenen eine mögliche definitorische Abgrenzung zu rechtfertigen. Wie gesagt, alles arbiträr.

Einleitend noch mal kurz zur Bezeichnung unserer Generation. Mit ‚Generation Y' kann ich nichts anfangen – diese Bezeichnung ist mir zu abstrakt. Für ‚Millennials' habe ich auch einen anderen Film im Kopf, in dem für mich bereits unsere leicht verwöhnte und digitalisierte Nachfolgegeneration die Hauptrolle spielt (Film: ‚Amy' aus dem YouTube-Video; ‚A Millenial Job Interview'). Also bleibt die ‚MTV-Generation'. Damit habe ich kein

Problem. MTV habe ich geguckt und für meine kleine Schwester gab es etwas später dann auch VIVA. Bei MTV gab es den Top 20 Countdown. Ich erinnere mich an die Abende, an denen ich im Kinderzimmer meiner Großeltern den kompletten Countdown geguckt habe. Der Fernseher war 25 cm groß und das Bild war nicht immer scharf. Es liefen Ace of Base, Meatloaf und Jam and Spoon. Letztere waren mir heute zugegeben kein Begriff mehr, aber den Song ,Right in the Night' habe ich sofort wiedererkannt.

Also, von mir aus können wir ,MTV-Generation' als Bezeichnung akzeptieren. Die wirkliche Frage ist aber, was wir hieraus an identitätsstiftenden Aspekten für unsere Generation ableiten können. Bei genauer Betrachtung eher wenig. Mir fällt es zumindest schwer. Jede Generation mag ,ihre' spezifische Musik haben, aber die identitätsstiftende Bedeutung erscheint mir tendenziell überschätzt zu werden. Meine Vorlieben für bestimmte Musikrichtungen haben sich erst recht spät (nach meiner MTV-Phase) entwickelt. Mit etwa 13 bin ich zum Hip-Hop gekommen – mit ,Die Da' und ähnlichen Frühwerken. Fettes Brot oder die Absoluten Beginner waren auch immer weit vorne. Ich lebe aber nicht nur für Hip-Hop (*sorry Curse*). Mittlerweile höre ich auch Country (Garth Brooks – seit ich etwa 16 bin) und auch das aktuelle Radioprogramm nervt mich nicht (#massenkompatibel). Vielleicht ist es für die ,MTV-Generation' auch charakteristisch, dass zunächst einfach Popmusik ,konsumiert' wurde. Über YouTube-Playlisten haben wir uns zumindest nicht frühzeitig auf eine bestimmte Richtung fokussiert (dafür wäre ich akut gefährdet gewesen).

Da kann bestimmt viel hineininterpretiert werden. Aus heutiger Perspektive kann ich aber mit Bestimmtheit sagen, dass Musik keinen wesentlichen Einfluss auf mich bzw. meine Weltanschauung hat. Ich höre tagsüber viel Musik, aber ich definiere mich nicht über Musik und auch mein soziales Umfeld lässt keine besondere Konzentration auf eine bestimmte Musikrichtung erkennen. Also, ‚MTV-Generation', obwohl ich der Musik keine wesentliche Bedeutung beimessen kann? Egal, vielleicht sollten wir uns nicht so sehr mit Bezeichnungen aufhalten. Andere aus unserer Generation empfinden Musik sicher als prägender, aber ich bin, wie gleich deutlich wird, Filmjunkie.

2.1 Tom Cruise und der rote Faden

Dieses für mich wichtige Kapitel hätte vielleicht auch mit Michael J. Fox oder Charlie Sheen überschrieben werden können. Tom Cruise war aber einfach DIE zentrale Figur. Von 1986 bis 1988 stehen in seiner Filmografie Meisterwerke wie ‚Top Gun', ‚Die Farbe des Geldes', ‚Cocktail' und ‚Rain Man'. Auch ‚Tage des Donners' (1990) fällt in diese Gruppe der Frühwerke von Tom Cruise. Alles Filme, die wir als Teenager gesehen haben. In Deutschland kamen diese schließlich mit etwas Verzögerung ins Fernsehprogramm bzw. in die Videothek. Pete Mitchell (Maverick) und Vincent Lauria (der Pool-Shark aus ‚Die Farbe des Geldes') waren Idole. Die ‚Besten' ihrer Disziplin. Mit dreizehn wollte man der Beste sein, ob als Kampfpilot oder als Pool-Spieler war zweitrangig. Tom Cruise spielte dabei stets die Rolle des Außenseiters und strahlte aus jeder Pore jugendliche Unbesiegbarkeit aus. Es ist die Gewissheit des Sieges, die er in diesen Filmen mustergültig verkörpert. Der Weg des jeweiligen Protagonisten mag bisweilen steinig sein, aber es ist nur eine Frage der Zeit, bis sich das Talent durchsetzt. An dieses Gefühl erinnere ich mich. Bei mir war es unmittelbar auf eine Karriere als Profisportler bezogen. Der Traum war da. Die Möglichkeit und die Gewissheit auch. Rückblickend erscheint das entsprechende Zeitfenster recht klein und kann auf etwa sechs bis acht Jahre im jugendlichen Leistungssport zusammengefasst werden. Aber wenn wir ehrlich zu uns sind, war dies genug Zeit, diese Möglichkeiten zu nutzen. Und aus der Perspektive des Zwölf- bis Achtzehnjährigen ist der Zeitraum gigantisch groß. Es war unser ‚Leben'. Mit 40 können wir hier den Kopf schütteln und unseren Kindern erzählen, dass Gewinnen nicht alles ist. Aber ich bin mir sicher, wir reden an ihnen vorbei. Egal, zumindest für eine bestimmte Zeit waren die genannten Filme nicht albern oder peinlich, sondern motivierend und identitätsstiftend. Später hat sich der Blick dann geweitet und viele Aspekte haben sich dabei als etwas oberflächlich entlarvt. Mit dreizehn war Maverick der Beste.

Der Beste bekommt auch DAS Mädchen. Bei Tom Cruise galt dabei immer recht deutlich ‚DAS', nicht ‚DIE'. Eine Ausnahme bildet vielleicht ‚Cocktail', aber auch hier wird die Rolle des unverbesserlichen Weiberhelden (Doug Coughlin) äußerst kritisch beleuchtet, während Tom Cruise (Brian Flanagan) am Ende doch zu dem einen Mädchen (zurück) findet. Zum Bild der

Frauen kommen wir gleich noch. Zuvor sei bei dieser Gelegenheit aber erwähnt, dass insbesondere ‚Cocktail' ein in der Öffentlichkeit häufig stark unterbewerteter Film ist. Wenn ich mir heute die alten DVDs anschaue, habe ich größere Schwierigkeiten, meine jugendliche Faszination mit Maverick nachzuempfinden, als mit einer gewissen Sympathie auf Brian Flanagan zu blicken. Ich möchte mir einreden, dies liegt darin begründet, dass ein unreflektierter Kampfpilot bei kritischerer Betrachtung nur begrenzt nachahmenswert erscheint. Der hart arbeitende und kreative Flanagan, der nach großen Träumereien und Abenteuern doch recht bodenständig mit der Liebe seines Lebens eine Familienkneipe eröffnet, erlaubt eine angenehmere Identifikation. Auch die zwischenzeitlichen Tiefpunkte und Aussetzer machen Flanagan irgendwie greifbar. ‚So spielt das Leben' möchte man fast sagen und fühlt sich irgendwie beruhigt und bestätigt. Vielleicht ist es tatsächlich wenig dramatisch, nicht der Beste geworden zu sein? Erfolg, wie wir ihn als Vierzigjährige definieren, unterscheidet sich von den Vorstellungen und Träumen eines Dreizehnjährigen. Auch wenn Flanagan als Figur nicht ‚vollendet' wird, erscheint die Geschichte doch einigermaßen abgerundet. Wir können uns in etwa vorstellen, wie es im Hause der Flanagans zwanzig Jahre nach ‚Cocktail' aussieht. Maverick und Vince hingegen bleiben immer die 25-jährigen Himmelsstürmer. Wir ahnen, dass es auch hier einen Alltag bzw. eine Routine geben muss, aber diese ist in den Rollen nicht vorgesehen.

Es soll nun auch bald (2021) tatsächlich eine Fortsetzung von ‚Top Gun' in die Kinos kommen. Warten wir ab. Natürlich ist es für uns Pflichtprogramm. Wir werden bewerten, wie ‚einverstanden' wir mit der Entwicklung ‚unseres' ehemaligen Vorbilds sind. Nicht immer sind entsprechende Fortsetzungen gelungen und mache bleiben vollständig wirkungslos, wobei hier ‚Wall Street 2' als eine der größeren Enttäuschungen genannt werden kann. Weder Bud Fox noch Gordon Gekko scheinen hier mit den ehemaligen Vorbildern in einem nachzuempfindenden Bezug zu stehen. Andererseits gibt es auch ausgesprochen positive Beispiele für Fortsetzungen aus den späten 1980-er und frühen 1990-er. Natürlich haben wir alle ‚Karate Kid' geschaut (auch Teil 2 und Teil 3 waren gut und auf Videokassette erhältlich). Hier erhalten wir durch YouTube-Produktion ‚Cobra Kai' nun die Gelegenheit, uns mit Daniel LaRusso (Ralph Macchio) und Johnny Lawrence als Vierzigjährige auseinanderzusetzen. Bei wenigen Filmen bzw. Serien ist der Wiedererkennungsfaktor höher. Ja, ‚Cobra Kai' ist eine Serie für Jugendliche, aber für uns Vierzigjährige bietet sich hier viel Platz zur unbelasteten Rückschau (und sehr kurzweiliger Unterhaltung).

Ein Teil der im Zusammenhang mit ‚Cobra Kai' angesprochenen Reflexion ist zu erkennen, dass die Jugend sich als ein (mehr oder minder) schwaches Nachleuchten durch unser Leben zieht. Es geht aber auch darum zu realisieren, dass es fatal wäre, die Jugend im Rückblick zu überhöhen. Sowohl die Erfolge als auch die Dämonen dürfen unsere Gegenwart nicht beherrschen.

Gelingt es nicht, sich von den Idolen der Jugend zu lösen, droht ein Alltag als Al Bundy. Die Faszination beim Blick auf die Jugend liegt für viele primär darin, in dieser Phase alle Energie (Herz und Seele) auf ein klar erscheinendes Ziel ausgerichtet zu haben. Dabei mögen bei dem einen oder anderen unweigerlich auch einige Erfolge und Erfolgserlebnisse herausgesprungen sein (irgendwer muss ja gewinnen), die positive Auswirkungen auf das Selbstvertrauen hatten. Doch die Erfolge verblassen und wir können uns nicht dauerhaft über diese definieren. Insgesamt sind wir in Deutschland oder Europa vielleicht nicht so anfällig dafür, gedanklich und gefühlsmäßig in der Schulzeit (High-School) hängen zu bleiben. Gerade für diejenigen, die primär über die Erfolge in der Schulzeit ihr Selbstvertrauen und Selbstverständnis aufgebaut haben, erscheint diese Tendenz aber durchaus erkennbar. Dieses Phänomen mag keine Besonderheit für unsere Generation darstellen, Al Bundy stammt schließlich aus der Generation unserer Eltern. Die Suche und die Förderung von Talenten in relativ spezialisierten Disziplinen waren bei uns aber gefühlt bereits deutlich ausgeprägter als bei früheren Generationen. Diese Entwicklung scheint sich nun bei unseren Kindern noch zu verstärken, wobei auch schon wieder gegenteilige Strömungen auftreten und die Fokussierung auf den Erfolg (den ‚Leistungsdruck') und quantitative Beurteilungen abmildern wollen. Hiermit müssen wir uns als Eltern neu auseinandersetzen, aber in unserer Jugend erschien die Definition und Fokussierung auf den Erfolg einfacher und unverfänglicher. Nicht wenige von uns, und das kommt hierin vielleicht auch zum Ausdruck, waren stark von der amerikanischen Kultur beeinflusst. Womit wir auch zu den Filmen und dem roten Faden zurückkehren.

Unabhängig von den Auszeichnungen oder dem Kassenerfolg der genannten Filme ist es der gemeinsame ‚rote Faden' dieser Filme, der für unsere Generation bedeutsam scheint. Auch in ‚Cocktail' und ‚Rain Man' agiert Tom Cruise als junger Außenseiter und Herausforderer, der aus seiner (und unserer) Perspektive ‚Alteingesessenen'. Insbesondere ‚Cocktail' stellt aber ein Bindeglied zu dem etwas reiferem Film ‚Die Firma' dar. Hier finden wir diverse Kernaspekte der bereits angesprochenen Filme wieder. Die Rolle des Mitch McDeere verkörpert die Rolle des Außenseiters gepaart mit unbestrittenem Talent sowie einer unbändigen Leistungsbereitschaft. Insbesondere der Willen, sich ‚nach oben' zu arbeiten, ist die Triebfeder bei McDeere. Dadurch ist McDeere für einen Sechzehnjährigen sehr gut ‚greifbar' und taugt auch einem Zwanzigjährigen zum unmittelbaren Vorbild. Die Orientierung an diesem Vorbild bleibt unausgesprochen und abstrakt, vielleicht weil McDeere die ‚Coolness' abgeht, aber als Maßstab für Erfolg scheint mir McDeere doch eine gewisse Relevanz zu entfalten. Eine erfolgreiche Karriere innerhalb einer großen und angesehenen Firma erscheint wenig kreativ, aber insbesondere für diejenigen von uns, deren Eltern eine entsprechende Karriere nicht verfolgt haben, kann die Anziehungskraft nicht bestritten werden. Und es ist kaum zufällig, dass eine Reihe von äußerst ähnlichen, weitgehend zeitgleich erschienen Filmen diese Anziehungskraft weiter nährten. In diesem Zusammenhang würde ich ‚Wall Street' (1987, Charlie Sheen als Bud Fox) sowie ‚Das Geheimnis meines Erfolges' (1987, Michael J. Fox als Brantley Foster) hervorheben, die zeitgleich mit ‚Cocktail' entstanden. Der gemeinsame rote Faden dieser Filme ist unverkennbar. Brantley Foster und Brian Flanagan fahren jeweils mit dem Bus in die große Stadt, um diese zu erobern. Sie hätten Sitznachbarn sein können oder wahlweise durch Mitch McDeere und Bud Fox ersetzt werden können. Das vereinende Element dieser Figuren ist der oben erwähnte Wille, sich nach oben zu arbeiten. Sie haben kein Problem ganz unten anzufangen (in der Poststelle, als Aushilfskellner oder als zur Kaltakquisition abgestellter Broker), wichtig ist nur, dass die Perspektive stimmt.

Ich denke, viele von uns haben in diesem Bus gesessen. Vorstandsvorsitzender eines internationalen Konzerns sind aber bis heute nur wenige von uns geworden. Nicht unbedingt aufgrund mangelnden Erfolgs. Unsere Generation hat weitestgehend ‚ihren Weg gemacht'. Vielmehr scheint sich die Arbeitswelt verändert zu haben. Der Glanz der großen Konzerne hat in weiten Teilen nachgelassen. Klar, viele sind in der Hierarchie der Konzerne nach oben gekommen und sitzen heute an einem Ort, der häufig als ‚mittleres Management' beschrieben wird. Das ist keinesfalls eine schlechte Leistung, aber es erscheint doch fragwürdig, ob wir mit dem ‚mittleren Management' vor Augen noch den gleichen Blick auf die näherkommende Großstadt werfen würden wie Brantley Fox und Brian Flanagan. Vielleicht ist die Frage tatsächlich, ob wir noch bereit wären, in den Bus einzusteigen.

2.2 Ausbildung und Einstieg ins Berufsleben

Laut offizieller Statistik (Quelle: destatis) betrug die Wochenarbeitszeit aller Erwerbstätigen in Deutschland im Jahr 2018 rund 34,9 Stunden, wobei Vollzeit- (41,0 Stunden) und Teilzeiterwerbstätige (19,3 Stunden) zu unterscheiden wären. Wir liegen wohl leicht unter dem europäischen Durchschnitt, was aber an der etwas höheren Quote an Teilzeiterwerbstätigen zu liegen scheint. Spannender ist vielleicht, dass die Arbeitszeit insbesondere bei den Vollzeiterwerbstätigen über die Jahre konstant geblieben ist (1991: 41,4 Stunden). Wir arbeiten also ähnlich viele Stunden wie unsere Eltern. Wie passt dies zur oben getroffenen Aussage, die Arbeitswelt hätte sich verändert? Mit Blick auf die Statistik lässt sich gegenüber 1991 eine Verdopplung des Anteils der Teilzeitbeschäftigten erkennen (von 14 % auf 28 % in 2018). Aber die angesprochenen Veränderungen lassen sich ggf. nicht unbedingt an der Statistik ablesen. Vor einigen Zeilen hatte ich festgehalten, dass der Glanz der großen Konzerne nachgelassen hat. Vielleicht steht aber heute bei uns Vierzigjährigen als auch bei den ‚Millennials' einfach nur die Frage nach dem ‚Sinn' der Arbeit – im ‚Sinn' einer gesellschaftlichen Relevanz – stärker im Mittelpunkt?

Vor einiger Zeit habe ich mich mit meinem Trainer aus Jugendzeiten zum Essen getroffen. Wir wohnen in unterschiedlichen Städten und sehen uns selten, freuen uns aber immer sehr über die Gelegenheit, miteinander über die ‚alte Zeit' und auch über die ‚Neuigkeiten' zu sprechen. Da wir uns selten sehen und uns zudem auf einer tiefen Ebene dennoch ungemein vertrauen, sprechen wir stets sehr offen. Wir ‚verurteilen' uns gegenseitig nicht und haben auch nicht den Drang, uns ‚besser zu machen, als wir sind'. Vor diesem Hintergrund wurde ich nun recht unerwartet mit der Frage konfrontiert »Wo hast du dich damals eigentlich gesehen?«. ‚Damals' bedeutet als Achtzehnjähriger. Die Frage kam überraschend, wobei ich noch deutlich überraschter war, als ich merke, die Frage nicht beantworten zu können. Die gegebenenfalls etwas überhöhte Bedeutung des Abiturs hatte ich zu Beginn bereits erwähnt. Mein Fokus lag auf der Schule, ich habe nicht weit in die Zukunft geblickt. Aber erst diese Frage meines alten Trainers hat mich erkennen lassen, wie ‚planlos' beziehungsweise ‚kurzsichtig' ich als achtzehnjähriger durchs Leben gegangen bin. Mit der Wortwahl im vorherigen Satz möchte ich bewusst eine Abgrenzung zu ‚gedankenlos' oder ‚naiv' festhalten. Ich habe mir auch als Achtzehnjähriger Gedanken über das Leben gemacht (wie heute auch) und die für den Traum vom Profisport notwendige Naivität hatte ich zu diesem Zeitpunkt bereits weitgehend begraben. Nein, die wahrheitsgetreueste Antwort, zu der ich fähig bin, ist, dass ich im bereits erwähnten Bus neben Brantley Foster saß und Bud Fox und Mitch McDeere für mich den Erfolg personifizierten.

Es ist mir nicht gelungen, die Antwort auf den Punkt zu bringen. Ich habe meinen Weg über das Abitur und die Ausbildung (duales Studium) bei einem großen Konzern schemenhaft zusammengefasst. Dabei konnte ich vermutlich weitgehend nachvollziehbar beschreiben, dass ich insgesamt mit der Entscheidung und der Entwicklung zufrieden war. Mein alter Coach schien dennoch ein wenig enttäuscht. Hatte er mehr erwartet? Ich bin mir auch rückblickend nicht sicher. Es schien ihm keineswegs um eine Rechtfertigung zu gehen. Es schwang auch kein Vorwurf des Scheiterns mit. Es schien die ehrliche Neugier danach zu sein, wie sich die Vorstellung eines Achtzehnjährigen über die Zukunft von der prosaischen Realität des Vierzigjährigen unterscheidet und wo möglicherweise eine Verknüpfung besteht oder eine Weggabelung zu erkennen ist. Die Neugierde ist insoweit berechtigt, als dass ich als Achtzehnjähriger noch nicht einmal Kenntnis über meine heutige Berufsbezeichnung hatte. Heute bin in einer Nische irgendwo zwischen Controlling- und Steuerabteilung tätig. Mit dem Wort ‚Steuern' hätte man mich als Achtzehnjährigen ‚jagen' können. Hätte man mir allerdings auch vorgerechnet, welche Verdienstmöglichkeiten auf mich warten, möchte ich aber für mein achtzehnjähriges ‚Ich' nicht ausschließen, dass es ohne Zögern zugegriffen hätte. Während es also schlicht unmöglich gewesen wäre, sich eine solch spezifische Stelle als berufliches Ziel zu setzen, erscheint das Ergebnis auch nicht unbedingt außergewöhnlich. Aber geht es nicht vielen von uns so oder so ähnlich? Wer sieht sich schon im Rechnungswesen oder im Controlling? Laut einer Studie des Instituts für Management und Controlling (IMC) an der WHU Otto Beisheim School of Management aus dem Jahr 2012 sind in Deutschland rd. 100.000 Menschen (45 % Frauen) als Controller beschäftigt. Es gibt also mehr Controller/Innen als Einwohner in Kaiserslautern. Zum Glück wohnen die Controller/Innen nicht alle in derselben Stadt, möchte der ein oder andere dabei vielleicht denken. Was wäre dies für eine merkwürdige Stadt? Der Punkt hierbei ist aber, dass es am Ende einfach wahrscheinlicher ist, als Controller zu enden anstatt eine Professur für Geschichte zu erhalten (es gab laut Statista.de insgesamt rd. 4.500 Professuren für Geisteswissenschaften), wobei das Erreichen einer Professur im Vergleich zu einer Anstellung als Controller zumindest im Durchschnitt, auch einen etwas höheren Aufwand und eine gewisse Veranlagung voraussetzen dürfte. Nicht jeder ist zu einem solchen Einsatz bereit oder bringt die erforderliche Substanz mit. Wie es um unser entsprechendes Rüstzeug bestellt ist, können wir mit achtzehn noch nicht verlässlich abschätzen. Wir müssen erst das Leben kennenlernen und ‚Zeit‘ ins Land gehen lassen.

Vor diesem Hintergrund denke ich manchmal, wir sollten lieber nicht zu viel Gewicht auf die noch nicht ausgereiften Pläne unserer Jugend geben. Dieser Gedanke kann dann auch dahingehend befreiend wirken, dass wir uns nicht mit der Frage noch ungenutzten bzw. verschwendeten Potenzials belasten. Ich denke nicht, dass uns als Gesellschaft viele weltbewegende kulturelle Beiträge dadurch entgangen sind, dass einige der für geisteswissenschaftliche Themen begeisterte achtzehnjährige sich als Vierzigjährige im Controlling wiederfinden. Der Zufall mag bei vielen Entwicklungen im Leben eine nicht unwesentliche Rolle spielen, aber es scheint anmaßend zu glauben, einige Zufälle hätten uns einer glorreichen Zukunft in einem bestimmten Berufszweig beraubt. Das Leben mag wie eine Schachtel Pralinen sein und es kann passieren, dass ein einfacher Krabben-fischer durch einen Hurrikan zum Besitzer eines Sea-food- Imperiums aufsteigt. Aber auch dieser Krabben-fischer muss zunächst mal sein Boot gekauft und sich in die entsprechende Position gebracht haben. Es klingt vielleicht abgedroschen, aber zumindest im Deutschland der 1990er hatten wir doch alle Möglichkeiten, unsere beruflichen Ziele zu verwirklichen. Die Wahrheit, mit der sich viele von uns konfrontiert sehen, scheint zu sein, dass wir mit achtzehn unsere berufliche Perspektive und vielleicht auch unsere Veranlagungen lediglich grob ein-zuschätzen wussten. Aber hierfür müssen wir uns nicht entschuldigen.

Auch wenn unsere jeweiligen Wege individuell unter-schiedliche gewesen sein mögen, stellt sich bei mir zu-nehmend der Eindruck ein, hier doch ein sehr einheit-liches Grundmuster zu erkennen. Zumindest in meinem näheren Umfeld sind die gerade geschilderten Verläufe des beruflichen Werdegangs recht typisch. Bei meiner Frau (Teilzeit im Marketing) sehe ich eindeutige Par-allelen. In meinem Freundeskreis sind die Parallelen vielleicht etwas weniger stark ausgeprägt, was aber auch daran liegt, dass ein Drittel Lehrer geworden sind (dar-unter auch einer der verhinderten Geschichtsprofessoren) und ein weiteres Drittel im IT-Bereich arbeiten – was mit Blick auf die achtzehnjährigen Versionen meiner Freunde nicht überrascht. Aber gut, es gibt in Deutschland eben auch rd. 770.000 hauptberufliche Lehrkräfte sowie rd. 1.000.000 Beschäftigte in der Informationstechnologie (wieder Statista.de – Stand 2018/2019). Das Gesetz der Wahrscheinlichkeit ist im Aggregat eben doch stärker als der Zufall in der individuellen Biografie. Während ich also Probleme hatte, die Frage von meinem alten Coach zu beantworten, gehöre ich vielleicht einfach nur zu dem etwas ‚zufälligeren' Drittel von uns.

Aber ich möchte mich hier auch nicht hinter Statistik verstecken. In einem Punkt bin ich mir sicher, als Achtzehnjähriger wollte ich ‚raus'. Wo ‚raus' ist, war schwer zu sagen. Von zu Hause weg. Raus aus der Mittelschichttristesse. Zum Teil bestimmt. Aber es war keine rebellische Grundüberzeugung in mir. Keine Auflehnung gegen meine Eltern oder die alte Generation. Ich wollte die Welt sehen und meinen Platz finden. Dieser Platz sollte aus sozialer Sicht oberhalb der Mittelschicht liegen, wo genau war mir unklar und in gewisser Weise auch unwichtig. Ich war bereit zu arbeiten und mich einzubringen. In bestimmter Hinsicht implizierte dies auch den Wunsch ‚dazuzugehören'. Jeden Montag (oder zumindest regelmäßig) im Flugzeug zu sitzen, um für eine große Firma ‚international' tätig zu sein, konnte nicht verkehrt sein. Brantley Foster und Bud Fox hätten sich auch in dieses Flugzeug gesetzt, den Tomatensaft genossen und diesen als Statussymbol verstanden.

An unserem CO_2-Fußabdruck hätten wir keinen Gedanken verschwendet und ‚Greta' wäre für uns eine Schulschwänzerin gewesen. Es ist nicht so, dass die Umwelt in den 1990er noch kein Thema gewesen wäre. Schließlich waren die Grünen ab 1998 an der Regierung beteiligt. Im Wahlprogramm der Grünen für 1998 wurde uns ganz deutlich gesagt, dass wir die Wahl zwischen dem Erhalt unserer natürlichen Lebensgrundlagen und dem Wachstum der Klimakatastrophe haben, zwischen dem Mut zur Wirklichkeit und dem Aussitzen der Probleme (Quelle: BÜNDNIS 90/DIE GRÜNEN). Ich will die politische Einordnung dieses Themas auf ein späteres Kapitel verschieben und dann auch die Frage beantworten, ob wir uns tatsächlich für ein zumindest potenziell katastrophales Aussitzen entschieden haben. Klar und wichtig ist an dieser Stelle für mich zunächst, dass ich in der Überzeugung in dem Flieger saß, mich in die richtige Richtung zu bewegen. Diese Überzeugung war in der Ausbildungsphase beziehungsweise in den sprichwörtlichen ‚Lehrjahren' auch wichtig. Bei den ersten Schritten in das Berufsleben wurde nämlich recht schnell deutlich, dass die Realität, also das Innenleben einer großen Firma, nicht dem glitzernden äußeren Schein entspricht. Hiermit beziehe ich mich nicht auf besonders einschneidende oder negative Erlebnisse. Es gab auch keinen besonderen Druck oder Schwierigkeiten, überhaupt eine Firma zu finden, bei der ich meine ersten Schritte gehen konnte. Hätte ich bei diesen ersten Schritten ernsthafte Schwierigkeiten erfahren, hätte sich wahrscheinlich auch noch weitgehend gleichwertige Alternativen gefunden, der Druck war also überschaubar. Für Einzelne mag es beim Einstieg in das Berufsleben solche Erlebnisse gegeben haben. Für den Zeitraum 1993 bis 2011 lag die qualifikationsspezifische Arbeitslosigkeit für Arbeitnehmer ohne Berufsabschluss in Deutschland oberhalb von 20 % (Quelle: Bundeszentrale für politische Bildung) – zuvor war diese Quote deutlich geringer und seit 2012 ist ein kontinuierlicher Rückgang zu beobachten. Ein nicht unwesentlicher Teil dieser Quote dürfte analog zu den allgemein höheren Arbeitslosenquoten auf die ‚neuen' Bundesländer entfallen. Aber selbst in diesem Zeitraum lag die qualifikationsspezifische Arbeitslosigkeit für jene mit Lehre oder Fachschule niemals oberhalb der 10 % und für jene mit einem Hoch- oder Fachhochschulabschluss lag die Quote zwischen 1975 und 2018 konstant zwischen 2 % bis 4 %. Hinter entsprechenden Statistiken liegen Einzelschicksale verborgen, aber für die eindeutige Mehrheit in unserer Generation war der Weg in einen Beruf zunächst einmal nicht außergewöhnlich steinig. Damit ist klar, ich meckere hier nun selbst auf hohem Niveau.

Die oben benannte Überzeugung, während der Lehrjahre in die ‚richtige' Richtung unterwegs zu sein, war auch deshalb wichtig, um sich in der Situation zurechtzufinden, die sich wohl trefflich als ‚beruflicher Alltag' beschreiben lässt. Das ‚Ankommen' in diesem beruflichen Alltag ist vielleicht eines der markantesten Merkmale dafür, langsam erwachsen zu werden. Also auf ins nächste Kapitel.

3. Erwachsen sein

Meine Wahrnehmung ist, dass sich unsere Generation mit dem ‚Ankommen' in den beruflichen Alltag etwas mehr Zeit gelassen hat als andere Generationen. Insbesondere für die Abiturienten und Hochschulabsolventen lässt sich dies zumindest auch grob an den offiziellen Statistiken nachvollziehen. Während im Jahr 2019 das Alter der Absolventen nach dem Abschluss des Erststudiums im Durchschnitt bei 23,6 Jahren lag, waren die Absolventen im Jahr 2009 im Durchschnitt bereits 27,5 Jahre alt (Quelle: Statista). Für die Zeit vor 2009 dürfte das Durchschnittsalter noch höher gewesen sein, was hauptsächlich in der Bologna-Reform und der Schulreform (Verkürzung der Schulzeit von 13 auf 12 Jahre) sowie der Abschaffung der Wehrpflicht begründet sein dürfte. In diesem etwas verzögerten Einstieg in den beruflichen Alltag war aber in meiner Erinnerung keine ‚rebellische' Einstellung verknüpft. Die wenigsten empfanden vermutlich eine wirkliche Abneigung gegen den Einstieg in den Beruf. Es ging uns mutmaßlich einfach recht gut und wir verstanden intuitiv, dass ein ‚Nine to five' doch insgesamt anstrengender sein würde als das Leben an der Hochschule. Zumindest in Deutschland wurden Brantley Foster und Bud Fox, um im obigen Bild zu bleiben, nicht kritisch nach ihrem Alter gefragt, wenn sie in das Flugzeug einsteigen wollten. Wichtiger war, dass sie ihre Qualifikationen in Form eines Abschlusses bzw. eines Zertifikats nachweisen konnten.

Sobald wir den Einstieg in den Beruf vollzogen hatten, gab es mit dem ‚Nine to five‘ eigentlich kaum noch ernsthafte Probleme. Mehrheitlich haben wir uns, soweit ich es überblicken kann, recht schnell und geräuschlos angepasst. Nach Überstehen der oben bereits als notwendiges Übel dargestellten Lehrjahre, was es doch vielen von uns möglich, in den Folgejahren zumindest die ersten Karrierestufen erfolgreich zu erklimmen. Dabei wäre ein Bild von Himmelstürmern verkehrt. Nein, zum Erwachsenwerden gehört es dazu, auch zu erkennen, dass die Bäume für die überwiegende Mehrheit nicht in den Himmel wachsen. Der Aufstieg des Brantley Fosters von der Poststelle auf den CEO-Posten ist eben doch nur eine Geschichte aus Hollywood. Weder harte Arbeit noch sexuelle Beziehungen zu Vorgesetzten sind in der Realität eine Garantie für einen kometenhaften Aufstieg. Nicht nur für unsere Generation ging es dabei Schritt für Schritt. Es ist ein Erfahrungsprozess, die eigene Entwicklung in Personalgesprächen durch Vorgesetzte kommentiert zu bekommen. Ich hatte das Glück, überwiegend Vorgesetzte zu haben, die sich um eine recht freundliche und fördernde Mitarbeiterführung bemüht haben. In der Regel war die Beurteilung der Vorgesetzten sachlich fundiert und ich habe die meisten weitestgehend als fair empfunden. Ein wesentlicher Bestandteil dieser Erfahrung war es nun nach meinem ‚Nutzen‘ bzw. meiner ‚Leistung‘ beurteilt zu werden. Teilweise waren die Bewertungen auf quantitativen Kennzahlen (abrechenbare Stunden) aufgebaut, teilweise waren aber auch die qualitativen Einschätzungen des Vorgesetzten ausschlaggebend. Der wesentliche Unterschied zu einer Schulnote war hier schnell ersichtlich, die Beurteilung basiert auf einer breiteren Grundlage an abgelieferten Leistungen. Es macht einen Unterschied, ob für ein Jahr ‚Nine to five' Eingangsrechnungen erfasst werden oder ob es jede Woche eine Doppelstunde Philosophieunterricht gibt. Auch ist die Konsequenz der Beurteilung der Arbeitsleistung aufgrund der Verknüpfung mit Beförderung und Gehaltsentwicklung eine andere (was vermutlich sogar in bestimmten Umfang auch für Beamte gelten dürfte). Noch mal, hier geht es nicht um den Himmelsstürmer. Es geht um die Gehaltserhöhung von 400 € oder die Beförderung vom ‚Assistenten 1' zum ‚Assistenten 2' oder vergleichbaren Hierarchiestufen. Der Vergleich, den wir zu diesem Zeitpunkt in unserer Karriere ziehen, richtet sich schon nicht mehr auf Brantley Foster, sondern auf den Assistenten 1 in der Nachbarabteilung. Menschliches Verhalten, das unsere Generation nicht erfunden hat. Mein Eindruck ist aber, dass die Generationen vor uns noch weitaus stärker in Hierarchien verhaftet waren und unsere Nachfolger dabei sind, zumindest die formellen Hierarchien etwas aufzulösen. Unser Erfahrungsprozess war vor allem dadurch geprägt, dass wir zwar durchaus realistische Chancen haben, in der Firmenhierarchie aufsteigen zu können, dass dies aber ein zeitintensiver Prozess ist. Während wir uns in den ersten Jahren somit über entsprechende Erfolge freuen konnten, erleben wir nun mit einer gewissen Ernüchterung, dass der neuen Generation andere bzw. neue Türen offenstehen. Ich begegne heute gefühlt häufiger CEOs, die unter 40 Jahre sind. Digitalisierung und Start-up-Kultur. Die meisten dieser Jung-CEOs sind fachlich gut, ausgesprochen fleißig und verdienen als unternehmerische Persönlichkeiten Respekt. Auch Neid muss man sich bekanntlich erarbeiten, aber neidisch oder gar enttäuscht bin ich nicht.

Mit 40 zähle ich mich noch nicht zum alten Eisen. Das wesentliche Resultat des beschriebenen Erfahrungsprozesses war es, dass es ab einem gewissen Zeitpunkt nicht mehr zwingend notwendig war, die eigene Existenzberechtigung gegenüber dem Vorgesetzten (oder mir selbst) zu begründen. Natürlich gab und gibt es immer mal wieder gute oder schlechte Jahre (Projekte etc.), aber bedingt durch die banale Tatsache, sich im Laufe der Jahre einen umfangreichen Erfahrungsschatz und Fähigkeiten angeeignet zu haben, war die eigene Leistungsfähigkeit ,naturgemäß' größer als die eines Berufseinsteigers. Da die Karrierestufen mit zunehmender Höhe immer dünner werden, kann dieses wichtige Fundament allerdings keine ausreichende Voraussetzung für einen weiteren Aufstieg sein.

Irgendwo zwischen 32 und 40 stellt sich außerdem die Erkenntnis ein, dass dieser weitere Aufstieg nicht zwingend die Erfüllung unseres Lebens sein kann. Damit meine ich nicht die oftmals in diesem Zusammenhang als aufgezwungen empfundene Beschränkung der Karriere durch Kinderwunsch. Nein, wir haben einfach das erlebt, was man Routine nennt. Routine kann (muss aber nicht) angenehm sein. Nach Schule, Studium und Ausbildung stellt sich nun erstmals das Gefühl ein, alles auch ohne schlechtes Gewissen ein wenig laufen lassen zu können. Facebook hat ein anderer erfunden und von IT habe ich keine Ahnung. Schade, aber kein Grund, sich zu rechtfertigen. Die Kinder gehen in den Kindergarten bzw. die Schule und die Miete ist bezahlt. Das Geld auf der gar nicht so hohen Kante reicht auch für den jährlichen Sommerurlaub am Strand. Das Eigenheim oder eine Eigentumswohnung sind schon weitaus schwieriger zu finanzieren, aber ich sehe Freunde und Bekannte, die es sogar in Großstädten schaffen, Eigentum zu erwerben und damit noch tiefere Wurzeln in der Routine schlagen. Doch auch die monatliche Miete bringt mich nicht um den Schlaf. Warum also die CEOs beneiden? Weil deren Eigentumswohnung in der Hafen-City steht? Selbst wenn man sich persönlich die fachlichen Fähigkeiten für einen weiteren Karriereschritt zutrauen würde, erscheint mir der notwendige zusätzliche Einsatz an Arbeitszeit und Energie einfach zu hoch. Die Arbeitszeit darf gerne auch ‚Nine to five‘ überschreiten, aber die Bereitschaft, dauerhaft 50+ Stunden an Wochenarbeitszeit zu knechten, hat doch Grenzen. Neben den Kindern ist dabei auch einfach das Bedürfnis, auf die Couch zu fallen, ein begrenzender Faktor. Es wäre organisatorisch möglich, sich regelmäßig noch zwei bis drei Stunden vor den PC zu setzen, nachdem die Kinder im Bett sind, aber dazu habe ich schlicht keine Lust. Wenn die Leistung ansonsten weitgehend stimmt, erfordert diese Einstellung auch keine Rechtfertigung. Es bleibt nun neben den Kindern sogar genug Zeit für ein oder zwei Hobbys. Mit einem Baby im Haus ist dies schwieriger, daher ist die Versuchung, die Routine auszukosten, nun auch umso stärker.

Sollte es uns bei einem bestimmten Arbeitgeber nicht gefallen, kann dieser in unserer Generation auch problemlos gewechselt werden. Hierin unterscheiden wir uns etwas von unseren Eltern. Waren die Jahrgänge 1960/61 noch 834 Tage bei einem Arbeitgeber beschäftigt, kamen die Jahrgänge 1978/79 nur auf 652 Tage (Quelle: FAZ, Kein Job fürs ganze Leben, 19. Februar 2014). In meinem Lebenslauf stehen bisher (in einem Zeitraum von 18 Jahren) vier verschiedene Arbeitgeber. Vielleicht kommen noch einige hinzu. Dies erscheint weder ausgeschlossen noch zwingend notwendig. Wobei die Notwendigkeit eben auch nicht vorhersehbar ist. Technischer Wandel und so. Mit 40 stellt sich aber eine gewisse Gelassenheit ein. Mittlerweile bin ich auch nicht nur ‚fast 40', sondern spreche mit entsprechender Autorität der grauen Haare. Der Erfahrungsschatz löst sich nicht einfach auf. Es ist nicht ausgeschlossen, dass die Fähigkeiten durch bestimmte Entwicklungen ‚entwertet' werden. Neben der Digitalisierung und gesetzlichen Rahmenbedingungen, die eine Nachfrage nach bestimmten Dienstleistungen bestimmen, hat uns dies auch Corona äußerst schmerzhaft vor Augen geführt. Nicht alles liegt in unserer Hand und um dies zu akzeptieren, ist diese Gelassenheit schon hilfreich. Solange die oben beschriebene Routine nicht (zu sehr) gestört wird, lässt sich mutmaßlich aber auch eine gewisse ‚Entwertung' gut ertragen, in welcher Form (Wechsel des Arbeitgebers oder des Berufsfeldes) sich diese auch manifestieren mag.

3.1 Kinder haben

Im vorherigen Kapitel habe ich bereits einige allgemeine Beobachtungen zum Thema Familie festgehalten. Betrachte ich das Thema Familie aber konsequent aus meiner Perspektive des Vierzigjährigen, liegt der Fokus eigentlich vollständig auf den Kindern. Es gibt ein Leben ‚vor' Kindern und ‚mit' Kindern. Je jünger diese sind, desto schärfer erscheint mir die Trennlinie zwischen diesem ‚vorher' und ‚jetzt' gezogen. Niemals hätte ich mir vorstellen können, wie heftig mich die Erfahrung Vater zu sein trifft. Natürlich malt man sich dieses Gefühl aus, insbesondere während der Schwangerschaft. Für uns Männer ist diese Phase vielleicht noch etwas abstrakter, weil weniger anstrengend als für die Frauen, aber ich vermute sehr stark, dass auch für die Frauen diese ‚vorher' und jetzt' Emotion eine greifbare Emotion sein muss.

Die Natur sagt dir in dieser Übergangsphase vor allem eines: ‚Du musst funktionieren'. Also lernt man zu funktionieren. Bei Frauen ist dieser Ruf ‚naturgemäß' etwas lauter, aber sie sorgen dafür, dass die Männer diesen Ruf auch deutlich zu hören bekommen. Das ist in dieser Phase auch neu. Das Funktionieren ist nicht nur auf das Individuum gerichtet. Spannend ist hier zu erleben, dass nun auch eine Flut von Ratschlägen und Erfahrungsberichten aus dem Bekannten- und Familienkreis auf die junge Familie niederprasselt. Während entsprechende Meinungsäußerungen aus diesen Kreisen bei anderen Gelegenheiten nicht immer willkommen sind, wirken diese Einmischungen zum Teil unerklärlich beruhigend. Ja, andere habe es auch schon geschafft. Wer unter Schlafmangel leidet, freut sich über das Licht am Ende des Tunnels, auch wenn der Weg weit ist. Zwei Aspekte stehen bei dieser Erfahrung im Mittelpunkt. Zum einen fühlt man sich im ‚Klub der Eltern' aufgenommen und erlebt ein neues, etwas diffuses Gefühl der

Gemeinschaft. Bei vielen Müttern manifestiert sich dies in einem dramatischen Anstieg der Mitgliedschaften in Mama-Whatsapp-Gruppen. Die Männer lernen die Hilfsbereitschaft der Schwiegermutter bei der Kindesbetreuung kennen (und schätzen). Zum anderen erkennt man, dass in diesem Klub durchaus eine Kultur des gemeinsamen Wehklagens gepflegt wird, gleichzeitig aber dem ,Du musst funktionieren' die Stellung eines unumstößlichen Dogmas beigemessen wird. Zumindest die Grundmuster dieses Klubs erscheinen die Jahrhunderte zu überdauern. Auch das ist Evolution, funktionierende Strukturen setzten sich durch.

Beim zweiten Kind gibt es keine Übergangsphase mehr. In der Hierarchie des Klubs ist man längst schon auf der zweiten Stufe angekommen und ist Experte in Kitalogie und Einschulungstechnik. Mit dem zweiten Kind läuft es, so denn keine außergewöhnliche Vorfälle oder Komplikationen auftreten, quasi von selbst. Für die Beziehung zwischen den Eltern gilt dies nicht unbedingt. Gleichberechtigung ist an dieser Stelle plötzlich ein Thema, das explizit verhandelt und erstritten werden muss. Während die oben angesprochene Gelassenheit und Flexibilität in der Berufswelt die Herausforderungen eigentlich beherrschbar machen sollte, sieht dies in der Praxis häufig anders aus. Der Streit zwischen den Partnern ist in vielen Fällen vorprogrammiert. In den meisten Fällen tragen die Frauen (jetzt Mütter) in den frühen Jahren die Hauptlast der Erziehung. Allerdings gilt diese Aussage bei Weitem nicht mehr in absoluter oder uneingeschränkter Form. Der Beitrag der Männer unserer Generation zur Betreuung der Kinder erscheint deutlich höher als in früheren Jahren. Die Statistik ist hier eindeutig. Die durchschnittliche Bezugsdauer von Elterngeld beträgt bei Müttern 11,3 Monate und bei Vätern 3,1. Allerdings steigt der Anteil der Väter, die Elterngeld bezogen, von 20,8 % im Jahre 2008 auf 34,2 % im Jahr 2014. Mehr oder minder zeitgleich stieg die Zahl der erwerbstätigen Mütter mit Kindern unter 3 Jahren von 44,3 % auf 56,2 % (Quellen: Statista.de). Während die Statistiken somit plausibel begründen können, dass der Ausgleich zwischen Familie und Beruf immer besser gelingt, erscheint es mit der Überleitung auf die emotionale Ebene nicht ganz zu einfach. Schließlich wollen auch die zuvor bereits erwähnten Scheidungsquoten erklärt werden. Eheberatung und Scheidung sind in dieser Lebensphase plötzlich keine Fremdwörter mehr. Die Flitterwochen sind längst zu Ende und beide Partner scheinen die Beziehung in der ‚nach Kind'-Phase noch mal neu bewerten zu müssen. Plötzlich müssen Kompromisse eingegangen werden. Da die wenigsten von uns Gandhi sind, fliegen die Fetzen. Am dramatischsten wirkt sich hier die Anspruchshaltung der Mütter auf uns aus. Es ist egal, welches Bein man sich ausreißen mag, den Müttern ist es nicht genug. Plötzlich hat man einen entfesselten Hausdrachen zu Hause und muss wie auf Eierschalen laufen, um nicht dessen geballten Zorn auf sich zu ziehen. Ein nicht sofort ausgeräumter Geschirrspüler kann hierbei ausreichen, um einen Orkan zu entfesseln. Die Anwandlungen unserer besseren Hälften sind bisweilen schlicht bizarr. Die beim Glas Whiskey mit den Freunden ausgetauschten Geschichten gleichen sich in diesen Punkten auffällig. Ich bin mir allerdings sehr sicher, dass in den Weinrunden der Damen auch kaum ein Blatt vor den Mund genommen wird.

Auffällig am letzten Absatz war, dass die Kinder selbst nicht im Fokus stehen. Das ist in der Realität völlig anders. Es ist gerade die ungeteilte Aufmerksamkeit für die Kinder, die eine Beziehung zwischen Mutter und Vater zum Erliegen bringt. Ein in Streit geäußertes ‚Ich bin mit dir nur noch wegen der Kinder zusammen' steht hierbei am Ende eines längeren Prozesses. Gandhi ist weit weg und Eierschalen sind auf Dauer unerträglich. Vielleicht ist an dieser Stelle für Sechzigjährige eine neutralere Bewertung und Auswertung möglich, mit 40 stecken wir mittendrin im Sumpf und haben oftmals zum ersten Mal in unserem Leben ‚Erwachsenenprobleme'. Das sagen wir dann auch den Kindern, weil wir etwas anderes auch gar nicht mehr über das Herz bringen können.

Dieses Gefühl beim Anblick der unschuldigen Augen und kleinen Hände etwas nicht übers Herz bringen zu können, ist vielleicht auch eine der stärksten Emotionen für uns Eltern. Hier stehen wir nun vor jemanden, der völlig schutzlos und mit offenem Visier zu uns hochblickt. Es schmerzt dann auch, wenn einem die eigenen Unzulänglichkeiten bewusstwerden, die für unsere Kinder noch im Verborgenen liegen. Natürlich wird dies nicht so bleiben, aber das Band, das in diesen ersten Jahren geknüpft wird, fühlt sich unglaublich stark an. Wir ahnen lediglich dunkel, wie es sich anfühlen mag, wenn die Kinder irgendwann flügge werden. Bis dahin ist aber noch viel Zeit. Wir fahren zum Reiterhof, gehen auf den Fußballplatz und können tatsächlich durchatmen. Bleiben wir kurz beim Reiterhof bzw. im weitesten Sinne im

Streichelzoo. Mir waren Pferde oder Ziegen immer völlig egal und auch heute kann ich dazu keinen Bezug finden. Am Samstag mit meinen Töchtern zum Reiterhof oder einem der mittlerweile zahlreichen Erlebnisbauernhöfe zu fahren, ist für mich dennoch immer das Highlight der Woche. Der Hausdrache bleibt meistens zu Hause und hält die Welt am Laufen, wobei zumindest das Putzen hierbei nicht im Fokus stehen sollte (das erledigt schließlich die meist von mir bezahlte Putzfrau). Also vermute ich Sie ‚binge watched' eine der zahlreichen moderne Seifenoper. Aber während in der beschriebenen Übergangsphase immer argwöhnisch bzw. missgünstig auf die Freizeit bzw. kinderfreie Zeit des Partner geblickt wird, empfinde ich diese Samstage mittlerweile als Befreiung. Der Hausdrache will die Kinder und mich zumindest am Wochenende lieber nicht oder wenigstens nur in limitierter Dosierung sehen. Warum sich aufregen oder dagegen ankämpfen? Grotesk wird es dann noch, wenn der Hausdrache dann beständig über mehr Gleichberechtigung schwadroniert. Egal, ich schaue meinen Töchtern dabei zu, wie sie mit den Ziegen spielen oder die Pferde striegeln und es gelingt mir in diesen Momenten die Welt auszublenden. Alles ist in Ordnung, Kinderlachen, heile Welt und die Empfindung von Glück und Liebe. Der Berufsalltag rückt in den Hintergrund, die Streitereien mit dem Hausdrachen verlieren für kurze Zeit ihr Gift. Auch die täglichen Nickeligkeiten zwischen meinen Töchtern sind in dieser Umgebung weit weg. Die Frage nach dem Warum stellt sich dann nicht mehr. Es ist eine Art formelle Bestätigung, dass die Anforderungen an das ‚Du musst funktionieren' erfüllt sind. Es ist das Gefühl, irgendwo vielleicht

‚im Leben', angekommen zu sein. In einem beruflichen Kontext kann ich mir nicht vorstellen, ein solches Gefühl zu erleben. Selbst etwaige Erfolge versprechen keine gleichwertige Gratifikation. Vermutlich ist auch ohne Kinder ein glückliches Leben möglich, mit Sicherheit ein stress- und sorgenfreieres, aber als Vater (und sicher auch als Mutter) möchte man nicht mehr zurück. Naturgemäß wird eine individuelle Abwägung dafür erforderlich sein, um zu entscheiden, welche Anzahl von Kindern das Glück maximieren. Ökonomen sprechen hier vom Grenznutzen. Aber dies ist für diesen Zusammenhang zu prosaisch. Deshalb auch unter der Gefahr zu pathetisch zu klingen, kann hier die Überzeugung festgehalten werden, dass uns Kinder vor allem eines schenken: Liebe. Diese Liebe, so viel ist auch klar, hat eine ganz andere Qualität als die Liebe zum Hausdrachen. Natürlich gibt es mit Kindern immer viel Geschrei. Mit zunehmenden Alter wachsen auch die Meinungsverschiedenheiten. Mir graut vor der Pubertät. Aber selbst bei der seltenen Ausübung elterlicher Strenge (Zähneputzen, Hausaufgaben, Zimmeraufräumen – die Klassiker), muss ich doch bisweilen gegen dem Impuls ankämpfen, meine Töchter einfach umarmen zu wollen. Die Phase ‚mit Kindern' bedeutet für uns den schrittweisen Übergang in die zweite Hälfte des Lebens. Nicht alles wird sich in dieser zweiten Hälfte noch fundamental ändern. Insgesamt sollte tatsächlich gelten, dass ‚wir sind, wer wir sind'. Aber mit den Kindern haben wir noch mal die Chance auf einen Neubeginn. Es bestehen hier noch keine Vorbelastungen, wir können noch ‚gute Eltern' werden. Während es schwierig ist, auf dem Punkt zu bringen, was ‚gute Eltern' ausmacht, erfordert dies doch vermutlich schon etwas mehr als nur zu ‚funktionieren‘. Eine hohe Messlatte, die aber in Hinblick auf unsere Verantwortung auch verhältnismäßig erscheint. Jeden Tag nehme ich mir vor, diesem Anspruch gerecht zu werden, erkenne aber auch, dass mich ein Streben nach ‚Perfektion‘ hier kaputtmachen würde. Ich verliere im Alltag auch mal die Geduld und bin mir auch nicht zu schade, meinen Kindern schon um 18.00 den Fernseher einzuschalten, um noch in Ruhe diese eine letzte Mail beantworten zu können. Aber in Bezug auf diese eher banalen Dinge bin ich auch entspannt. Die für mich am besten geeignete Definition vom ‚Perfekt-Sein‘ kommt aus einem Footballfilm (‚Friday Night Lights‘), bei dem Tommy Lee Jones in der Rolle eines Footballcoaches seinem zur Halbzeit zurückliegenden Team folgende Ansprache hält (Quelle: IMDB, Coach Gary Gaines: eigene Übersetzung):

»Perfekt zu sein, hat für mich nichts mit der Anzeigetafel da draußen zu tun. Es geht nicht darum, zu gewinnen. Es geht um dich und deine Beziehung zu dir selbst und zu deiner Familie und zu deinen Freunden. Perfekt zu sein bedeutet, deinen Freunden in die Augen schauen zu können und zu wissen, dass du sie nicht enttäuscht hast, weil du ihnen die Wahrheit gesagt hast. Und diese Wahrheit ist, dass du alles in deiner Macht Stehende getan hast. Dass es nichts gab, was du noch hättest tun können. Kannst du in diesem Moment leben, so gut wie du nur kannst, mit klarem Blick und Liebe in deinem Herzen? Mit Freude in deinem Herzen? Wenn du dies kannst, dann bist du perfekt.«

Mit dieser Halbzeitansprache möchte ich in die zweite Halbzeit starten. Dabei ist mir vor allem eines klar, der Blick in die Augen meiner Kinder ist der Entscheidende.

3.2 Die Miete (oder die Hypothek) bezahlen und der Umgang mit der Alltagsroutine

Die Überschrift beinhaltet eine Frage, die für viele Vierzigjährige früher oder später und ggf. auch immer mal wieder relevant ist. Der Kontrast zur eben gehörten Halbzeitansprache ist groß. Hier geht es nun wieder um prosaische Fragen. Mit dem ‚Perfekt sein' hat diese Frage nichts oder zumindest nur indirekt zu tun. Die Entscheidung darüber ein Haus, ein Reihenhaus bzw. eine Eigentumswohnung zu kaufen, ist eine spannende Mischung aus Rationalität und Emotion. Mit dieser Frage konfrontiert zu sein ist, und auch das sollte nicht vergessen werden, bereits ein Anzeichen für eine zumindest komfortable Lebenssituation. In meinem Freundeskreis bin ich der Einzige, der noch kein Haus bzw. Reihenhaus erworben hat. Dafür bin ich auch der Einzige, der keinen mehr oder minder ehrfurchtsgebietenden Kredit aufgenommen hat. Natürlich ist es zunächst einmal wirtschaftlich betrachtet sinnvoller, einen Kredit abzubezahlen und dabei in den Aufbau von Eigentum zu investieren als monatlich Miete zu verbrennen. Eben aufgrund dieser Vorteile stellt sich ab einem gewissen Alter die Frage, ob es nicht an der Zeit für ein Haus ist. Die Immobilienpreise insbesondere in den Großstädten rücken die bestehenden Optionen freilich in eine etwas nüchterne Perspektive. Für uns war schnell klar, dass es mit unserem Budget selbst im ‚erweiterten Speckgürtel' schwierig werden würde, ein Haus zu finden, das wenigstens um 1 oder 1 ½ Zimmer größer sein würde als unsere Mietwohnung in der Stadt (also das 2. Kinderzimmer und ein kleines Arbeitszimmer zusätzlich).

Also wurden bereits in einem frühen Stadium der Suche Reihenhäuser in diese Ermittlung einbezogen. Und plötzlich haben wir die ländliche Umgebung kennengelernt. Besichtigungstermine in Kleinstädten (eigentlich Dörfer), die zuvor nicht einmal im Ansatz eine Rolle in unseren Zukunftsüberlegungen gespielt hatten. Dann steht man auf einem Acker und guckt eine Baustelle in ihrer Frühphase an. Die Grundrisse sind abgesteckt. Auf dem Acker nebenan sind schon die Rohbauten der Reihenhäuser errichtet. Trotz der Weite der Äcker wirkt es auf mich beengend. Gegenüber vom Acker liegt ein Gnadenhof und unsere Töchter füttern die Pferde mit Gras. Das Preisleistungsverhältnis erscheint positiv, der notwendige Kredit nicht völlig übertrieben. Aber wollen wir das? Wie würden die Kinder zurechtkommen? Wie sieht es mit Schul- und Kitaanmeldung aus? Wachsen sie hier ‚behüteter' auf als in der Stadt oder wird ihnen die ‚Dorfblase' schnell zu eng? Die Fragen häufen sich und schnell überwiegt dann das emotionale Element. Wir haben uns am Ende gegen das Reihenhaus entschieden. Ausschlaggebend war, dass wir uns als Familie gerade wohlfühlen. Die bereits angedeuteten Spannungen zwischen dem Hausdrachen und mir während der Übergangsphase vom ‚vor' zum ‚mit Kindern' hatten in den letzten Monaten erfreulicherweise sukzessive nachgelassen. Der mit einem Umzug verknüpfte Stress hätte gedroht, die noch nicht ausgeheilten Wunden wieder aufzureißen. Wir haben dies nicht so offen ausgesprochen, es war eher eine stille Übereinkunft.

Der Umgang mit der hier angedeuteten Komplexität von Entscheidungen gehört auch zum Erwachsen sein. Auch wenn entsprechende Situationen kurzfristig belasten können, sind sie doch am Ende nicht die große Herausforderung. Viel mehr empfinden wir sie als Teil der Routine, in die man als Vierzigjähriger längst hineingerutscht ist. Erwachsen sein bedeutet schließlich auch, sich mit einem gewissen Alltag zu arrangieren. Natürlich gibt es auch die ‚Lebenskünstler‘, aber nicht so viele und beneidenswert erscheinen sie auch nicht. Die Routine bietet einem die notwendige Ruhe und Sicherheit, um das Leben auch ein wenig genießen zu können. Mit vierzig erwartet man auch nicht jeden Tag ein Highlight. Es reicht, wenn die Dinge ihren geregelten Lauf nehmen. Solange Exzesse und Suchtverhalten (Spielsucht, Alkoholsucht, Affären) vermieden werden können, kann man als Vierzigjähriger fast auf Autopilot durch die Welt gehen und dabei trotzdem den Alltag genießen. Ich bin für Suchtverhalten nicht unbedingt unempfänglich. Besuche im Casino (Poker) oder der gelegentliche Whiskey (Jack Daniels) sind allerdings angenehm und mit dem Alltag gut vereinbar. Sogar der Hausdrachen ist diesbezüglich nachsichtig, wobei die Weinrunden und Mädels-Abende auch deutlich häufiger stattfinden. Das sind die kleinen, unausweichlichen Kompromisse im Alltag der Erwachsenen. Mit zwanzig sind Kompromisse noch nicht so wichtig (es gibt keine Kinder, auf die einer der Partner aufpassen muss) und auch die Exzesse fallen nicht so ins Gewicht (wen kümmert schon die verpasste Univorlesung).

Meine Feierabende finden meistens gemeinsam mit dem Hausdrachen auf der Couch statt. Serien auf Amazon Prime ein, Kopf aus. Dazu dann etwas Schokolade und kurze Berichte über die Ereignisse des Tages; der Chef des Drachens hat sich wieder danebenbenommen, die kleine Tochter hat in der Kita ein anderes Kind gehauen (und lässt auch sonst Potenzial für eine Karriere als MMA-Profi erkennen). Es sind ruhige Abende und das ist auch gut so. Es ist die Zeit ‚nach' den von Reinhard Grebe besungenen ‚dreißigjährige Pärchen'. Im Nullachtfünfzehn-Akademikerhaushalt sollte man sich keine Illusionen mehr über die eigene Bedeutung in der Welt machen. Die Fragen nach dem ‚wir machen Schluss oder ein Kind' ist beantwortet und der Reiz daran, sich beim Abendessen mit anderen Pärchen mit Auslandsaufenthalten oder sonstigen vermeintlich außergewöhnlichen Erlebnissen zu produzieren, sollte verflogen sein. Die Unterhaltungen werden etwas langweiliger und eintöniger (Kinder, Haus, Kleingarten und wieder Kinder), aber das ist vielleicht auch einfach der Preis für die oben angesprochene Klubmitgliedschaft. Mir persönlich würden die Whiskeyrunden mit meinen Freuden für mein soziales Leben völlig ausreichen, aber wenn ich vom Hausdrachen ab und an zu einem solchen Abendessen gezwungen werde, mache ich halt gute Miene zum langweiligen Spiel. Der anschließende Streit auf der Rückfahrt lohnt sich nicht. Es hat etwas gedauert, aber ich habe in dieser Hinsicht nun auch endlich Shakespeares ‚*to beguile the time, look like the time*' verstanden und verinnerlicht. Wie recht er hat.

Um die Alltagsbetrachtungen hier auch abzuschließen und mich nicht um Kopf und Kragen zu schreiben, möchte ich als Kind der 1980er und 1990er kurz auf das uns zur Verfügung stehende Unterhaltungsprogramm eingehen. Als Filmjunkie gibt es hier kein Vorbeikommen. VHS war damals schon super, aber Amazon Prime und Netflix sind eine völlig neue Dimension. Ich war einer derjenigen, die locker 30 Minuten in einer Videothek herumirren konnten, ohne zu einer Entscheidung gelangen zu können. Oft hatte ich vier oder fünf der kleinen Reservierungskärtchen in der Hand, nur um dann drei wieder zurückzustecken. Spaßig war es für mich dabei auch gelegentlich einen Film auszuwählen, von dem ich nicht so genau wusste, was mich erwartet (,Thursday' ist mir bis heute in Erinnerung geblieben). Blütezeit und Ende der Videotheken miterlebt zu haben ist vielleicht eines der großen Privilegien unserer Generation. Kreative Zerstörung durch wirtschaftlichen und technischen Fortschritt. Wir können über die atemberaubende Auswahl auf Knopfdruck noch ein klein wenig staunen und uns fragen, wie wohl unsere Schulzeit verlaufen wäre, wenn wir Amazon Prime im Kinderzimmer gehabt hätten. Die Entwicklung bei den Computerspielen ist auch bemerkenswert, aber obwohl ich (frei nach Jan Delay) ,Bürger von Konsolien' war und bin, empfinde ich Änderungen nicht als so gravierend. Mit MMOs kann ich nicht viel anfangen und bei NBA 2K spiele ich auch lieber die Offline-Modi (bald hoffentlich auf der Playstation 5). Auf die Idee, mir eine ,virtuelle Währung' zu kaufen, um für einen Avatar virtuelle Schuhe von Nike zu kaufen, würde ich nicht kommen. Als heute Sechzehnjähriger wäre ich aber vermutlich innerhalb der Zielgruppe. Aber wir waren ja beim Erwachsen sein, dazu gehört es auch deutlich weniger Zeit auf das Datteln verwenden zu können, ohne die Routine in Gefahr zu bringen. Der Hausdrache ist nie weit entfernt und mag die Playstation nicht. Festhalten

kann ich für mich allerdings bereits, dass ich mich auf
den Fußballmanager 2035 freue. Für jemanden, der mit
‚Anstoß' aufgewachsen ist, kann die Spieltiefe heutiger
Fußballmanager nur als ‚unglaublich' beschrieben werden. Wenn ich also Lebenszeit übrig habe und budget-
oder wetterbedingt nicht am Strand sitzen kann, werde
ich diese Zeit mit Fußballmanagerspielen vergeuden. Es
ist eine Alltagsucht, der ich auch als Erwachsener nicht
entsagen kann und will. Natürlich sind diese Betrachtungen des technischen Fortschritts hier auf die banalen
Dinge bezogen, die aber auch etwas mit der empfundenen Lebensqualität zu tun haben. Die etwas ernsteren
Betrachtungen verschiebe ich in die gesellschaftlichen
Betrachtungen in einem späteren Kapitel.

3.3 Die Liebe

Von Alltagsbetrachtungen zur Liebe? Na klar, als Vierzigjähriger ist dieser Sprung nicht mehr so gewaltig.
Während man sich mehr schlecht als recht durch den
Alltag bewegt, nimmt man bisweilen dumpf zur Kenntnis, dass es schon lange kein Kribbeln im Bauch mehr
gab. Neben mir auf der Couch schläft dann der Hausdrache und ich frage mich »Ist das alles?« Vielleicht nicht
so intensiv wie im Song der Ärzte, aber doch mit einer
gewissen Beständigkeit. Insbesondere in der beschriebenen Übergangsphase, wenn sich unaufhaltsam eine neue
als ‚final' empfundene Realität ins Bewusstsein schleicht,
sind diese Gedanken kaum dauerhaft zu verdrängen.
Erschwerend kommt hinzu, dass in dieser Übergangs-

phase in sexueller Hinsicht naturgemäß Ebbe herrscht. Ab einer gewissen, sicher individuellen Zeitspanne hilft es dann auch nicht, diesen Zustand zu rationalisieren. Nach etwa einem Jahr, ohne jegliche Zärtlichkeit empfangen zu haben, wird es zunehmend schwieriger, sich in Shakespeares oben festgehaltenes Mantra zu flüchten. Die ständigen Streitereien und Empfindlichkeiten machen die Situation auch nicht besser, die Nerven liegen immer häufiger blank. Mein Hausdrache war in dieser Phase nicht einfach. Wenn ich die entsprechenden Schilderungen aus dem Bekanntenkreis heranziehe, im Zweifel etwas schwieriger als der Durchschnitt. Ein Blick in die Statistik suggeriert, dass 45 Prozent der befragten Elternpaare einmal pro Woche Sex haben (Quelle: www. bildderfrau.de). Im Jahr zwei bis drei nach Kind Nr. 1 lagen wir (optimistisch gerechnet) eher bei einmal pro Monat. Natürlich gilt, dass hier nicht die Statistik ausschlaggebend ist, sondern das Wohlbefinden beider Partner. Für mich war es in diesem Zeitraum vor allem quantitativ deutlich zu wenig. Ein großer Vorteil am Erwachsen sein und an einer festen Partnerschaft (Ehe) war es für mich auch, dass die Sexualität enttabuisiert wird. Damit meine ich insbesondere die Gelegenheit, die eigenen Bedürfnisse im gegenseitigen Vertrauen auch offen und ohne künstliche Scham ansprechen zu können. Führt selbst eine vorsichtige und zurückhaltende Äußerung der Bedürfnisse beim Partner nun aber nicht nur auf ein dauerhaftes Unverständnis, sondern auch auf kategorische Ablehnung, sind Konflikte unvermeidbar. Vielleicht ist es eine glückliche Fügung, dass ich weder privat noch beruflich gesellschaftlichen Umgang mit an-

deren Frauen pflege. Die Versuchung, in dieser Phase auf
,dumme Gedanken' zu kommen, wäre ansonsten wohl
nicht gering gewesen. Vielleicht hilft es in diesem Zusammenhang auch, dass ich mich optisch maximal als
eine ‚4' einordnen darf. Wobei und dass kann ‚Mann'
spätestens ab Mitte 35 realistisch einschätzen, eine etwas geringere optische Qualität keinesfalls in einen dem
Zölibat ähnlichen Zustand münden muss. Und so gab
es selbst für mich mal eine Art ‚Versuchung'. Die Kombi-
nation aus aufgestautem Frust, unbefriedigter Lust und
viel zu viel Alkohol war hier eine gefährliche Mischung.
Kommt dann noch eine andere Frau ins Spiel, die vielleicht ein interessiertes Auge in Richtung eines Abenteu-
ers geworfen hat und bereit ist, in dieser Situation Nägel
mit Köpfen zu machen, wird es eng. Ich kann für mich
reklamieren, dass ich meinen Hausdrachen nie betro-
gen habe. Kein Kuss, kein Fremdgehen in über vierzehn
Jahren Beziehung. In der oben angedeuteten Situation
hätte ich mich, wäre eine Grenze überschritten worden,
nicht in der Lage empfunden, mir selbst in die Augen zu
blicken. Nüchtern betrachtet war die Situation traurig
(wie »halbe Treppe«). Es hatte nichts mit Liebe zu tun.
Für die betroffene andere Frau hatte ich keine Gefühle,
es ging in diesem Moment nur um Frustbewältigung
und von jemandem begehrt zu werden. Tatsächlich bin
ich sehr glücklich, dass diese Episode an mir vorüberzog,
ohne Schaden anzurichten. Mit meiner Frau habe ich
diese Situation nicht besprochen. Warum auch auf dem
Rand eines Vulkans tanzen? Zu fragil erscheint doch
die Beziehung, um wegen objektiv betrachtet Nichtig-
keiten einem Impuls des sich ‚etwas von der Seele reden

zu müssen' nachzugeben. Nun schreibe ich es eben auf. Das mag etwas feige sein, erfüllt aber seinen Zweck. Ich bilde mir auch nicht ein, in dieser Situation moralische Stärke bewiesen zu haben. Viel Stärke war auch nicht übrig. Allerdings und auch das gehört ja zu Beziehungen, habe ich in früheren Phasen unserer Beziehung schon über Schwächen bzw. Handlungen ganz anderen Kalibers durch den Hausdrachen hinweggesehen. Aussprechen möchte ich diese nicht. Es sollen auch gar nicht die eigenen Handlungen relativiert werden. Gleichwohl soll aber die Überlegung angeschlossen werden, dass in vielen Beziehungen im Wissen um die eigenen Schwächen, bei moralischen Urteilen über den Partner ein etwas demütigeres Maß angelegt werden sollte.

Der Vorteil und Effekt der Erfahrung war für mich, dass der Blick auf das Wesentliche geschärft wurde. Als solches markierte es für mich auch so etwas wie das Ende der Übergangsphase. Es war mir nicht nur möglich, die Frage des »Ist das alles?« zu beantworten. Auch der siamesische Zwilling dieser Frage, sprich die »Was wäre, wenn?« Frage, löste sich langsam, aber sicher auf. Insgesamt ist die »Was wäre, wenn?« Frage zumindest in Bezug auf die Liebe für einen Vierzigjährigen auch die weitaus intensivere Frage. Wie im Nick Hornbys Roman (‚High Fidelity’), konnte ich mich den um längst vergangene Beziehungen rankenden Gedankenspielen nicht entziehen. Wie sähe mein Leben jetzt aus, wenn es damals mit ‚XYZ’ anders gelaufen wäre? Diese Gedankenspiele sind berauschend. Erinnerungen an die Jugend sind immer schön, da sich hier wieder Möglichkeiten und Optionen auftun, die durch den Lauf der

Zeit längst verschüttet sind. Hierbei muss man allerdings aufpassen, die Vergangenheit nicht zu glorifizieren. Optisch war ich in meinen Zwanzigern vielleicht noch auf dem Niveau einer ,6', aber es gab Gründe dafür, dass die Beziehungen so ausgingen, wie sie eben ausgingen. Dabei gilt für diese Gedankenspiele grundsätzlich, dass je weniger tief die Beziehung war, desto fantasievoller können die alternativen Szenarien ausgestaltet werden. In meinem Fall verdienen viele Beziehungen kaum diese Bezeichnung, waren sie doch eigentlich zu flüchtig, zu substanzlos. Dennoch, ich war ich in diesen Fällen verliebt und es ist gerade die Erinnerung an die Euphorie und den Schmerz, die im grauen Alltag so berauschend sind. Mit Bezug auf High Fidelity sind diese meine Top 5 (mit der 5 als ,Spitzenplatz' und alles in angemessen anonymisierter Form):

1. Caroline K. => Meine High-School Liebe. In der Schule laufen die Hormone Amok und als Austauschschüler bestehen bedingt durch den Umstand, dass man an der Schule keine Vergangenheit hat und weit weg von zu Hause ist, größere Spielräume. Natürlich habe ich mich umgesehen und mir auch die Cheerleader angeschaut. Als (vielleicht) ,6' waren meine Möglichkeiten trotz des ,Exoten-'Bonus doch begrenzt. Ich war und blieb Spätzünder und hatte nur begrenzte Fähigkeiten zu flirten. Caroline war in der Clique aus ,normalen' Kids, in der ich mich an der Schule wiederfand. Sie war humorvoll, intelligent und freundlich. Optisch und ja, das ist als 17-Jähriger relevant, vielleicht auch eher eine ,6', aber mit einem Killer-Lächeln und als Asian-American für

mich äußerst attraktiv. Die Freizeitaktivitäten gingen fast unmerklich in vermehrter Zeit zu zweit über. Es war für mich das erste Mal, dass ich eine Gegenseitigkeit der von mir empfundenen Zuneigung spürte. Das Gefühl war echt und nicht nur oberflächlich. Leider rückte bald schon das Datum meines Rückflugs näher. Wir waren beide spürbar vorsichtig, uns nicht zu sehr diesem Gefühl hinzugeben, spürten wir doch, dass es uns bei der unweigerlichen Trennung nur Schmerz bereiten würde. Am letzten Abend lagen wir aneinander gekuschelt auf dem Sofa und guckten passenderweise Apollo 13. Am nächsten Tag verabschiedete mich Caroline noch am Flughafen. Ihre ganze Familie war gekommen. Nette Menschen. An unsere Umarmung erinnere ich noch heute. Leider mussten wir loslassen. Ein Freundschaftsarmband, ein paar Briefe (es war 1998), und schon bald begann die Erinnerung zu verblassen. Für sie stand das College bevor und ich musste aufgrund meiner bescheidenen Schulnoten in der zehnten Klasse wieder in die elfte Klasse des deutschen Schulsystems einsteigen. Noch drei Jahre bis zum Abitur. Andere Welten, welche realistische Chance hätte es gegeben? Als Schüler in Amerika bleiben? Gedankenspiele, aber wenigstens war der Schmerz nicht zu tief.

2. Katharina R. => Die WG-Liebe aus dem Auslandssemester. Katharina war für insgesamt drei Jahre eine Kommilitonin von mir. Mindestens eine ‚8' und zudem intelligent und ambitioniert. Vielleicht war Katharina ein klein wenig eingebildet und betont distanziert. Die gemeinsame Wohnungssuche und auch

die anschließende Organisation des Zusammenlebens schuf aber eine gemeinsame Basis. Das Zusammenleben war neu und angenehm. Ich war zur relevanten Zeit allerdings bereits (unglücklich) in Amelie verliebt (siehe unten) und Katharina selbst war in einer festen Beziehung. So blieb es eher bei kleineren Gesten der Zuneigung (ich schrieb ihr eine Kurzgeschichte, von der ich heute hoffe, dass sie verschwunden ist). Die gemeinsame Basis blieb aber auch nach der Heimkehr an unsere Heimatuniversität bestehen und wir trafen uns nun auch ab und an nach der Uni. Mit der Zeit war von der anfänglichen Distanziertheit nichts mehr zu spüren. Während die gegenseitige Zuneigung stärker wurde, gab es von ihrer Seite keine, zumindest keine eindeutigen Signale in Richtung einer mehr als nur freundschaftlichen Beziehung. Bei mir war dies anders, ich musste zunehmend an sie denken und wollte mehr als nur Freundschaft. War Katharina ‚in einer anderen Liga'? Vielleicht. Ok, wahrscheinlich. Aber sie war weder auf dem Level von Lera (siehe unten), noch war sie so unerreichbar wie Amelie (siehe unten). Es kam also, wie es kommen musste. Am Ende des Studiums überwand ich mich und offenbarte ihr meine Zuneigung. Game Over. Höflicher, aber deutlicher Korb. Der Track von ‚Lass uns doch Freunde sein' von Curse passte hier zu 100 Prozent, sprach mir aus dem Herzen, und ich hab mehrfach voll aufgedreht (es war 2005/2006). Der Schmerz war zum Glück recht kurz (Danke Curse!) und auch die Gedankenspiele sind hier nicht wirklich fantasievoll, da mir bei Katharina letztlich auch nur eine Zukunft als hübscher Hausdrachen mit eindrucksvoller beruflicher Karriere vorstellbar erschien.

3. Gesa B. => Die Liebe vom Sportplatz. Gesa war hübsch. Wir gingen auf unterschiedliche Schulen, kannten uns aber vom Sport. Gesa war drei oder vier Jahre jünger und ich hatte sie längere Zeit nur ‚am Rande' (des Spielfeldes) wahrgenommen. Es gab keine gemeinsamen Freizeitaktivitäten, keine Dates, keine Vorankündigung. Wir trafen uns zufällig auf dem Sportplatz und sie lud mich ‚spontan' auf eine Party zu sich nach Hause ein, die am nächsten Tag stattfinden sollte. Ich tauchte mit zwei Flaschen Cola auf, nur um mich auf ihrer 18. Geburtstagsparty wiederzufinden. Peinlich, aber woher hätte ich das wissen sollen. Ich erkannte zwar vereinzelt ein Gesicht unter den Anwesenden, aber nur, wie man eben Gesichter von jüngeren Jahrgängen aus dem eigenen Viertel oder der Schule kennt. Mit anderen Worten, ich stand wie bestellt und nicht abgeholt in einer fremden Küche rum. Aber dieser Zustand währte nicht lange, da Gesa mir schon schnell deutlich machte, dass ich durchaus ‚bestellt' war. Mit einem »Willst Du mal mein Zimmer sehen?« begannen für mich die verworrensten und bis dahin vielleicht auch schönsten paar Tage meines Lebens. Es gab leider keinen Sex (Spätzünder – siehe oben), aber ich war aus heiterem Himmel ernsthaft verliebt. Schmetterlinge im Bauch – der Hammer. Meine erste Freundin. Am gefühlt fünften Tag ist Gesa dann zu ihrem Austauschjahr nach Amerika aufgebrochen. Scheiß Amerika habe ich gedacht. Es war mir auch bereits klar, dass es vorbei war, noch

bevor es richtig angefangen hatte. Ich bemühte mich zwar und schrieb ihr die schönsten und gefühlvollsten Briefe (es war 2000), zu denen ich mich imstande sah, aber es war zwecklos. Sie machte nach zwei Monaten auf einer Viertelseite Caro-Papier dann auch ganz formell und prosaisch Schluss. Es war absehbar, tat aber weh. Als sie zurückkam, war auch nichts mehr zu machen. In der kurzen Zeit, in der ich noch in der Stadt war, hatte sie zwei Beziehungen mit anderen Typen aus unserem Sportverein. Schlechte Sportler, aber hübsch und vermutlich auch ganz nette Typen. Der Schlussstrich war in der Art und Weise hart, aber vielleicht hat sie mir damit sogar einen Gefallen getan. Gesa war zu dieser Zeit einfach weiter als ich. In meinen Tagträumen, in denen ich weniger stieselig und »spätzünderig« bin als in der Realität, hätten wir vielleicht eine Chance gehabt.

4. Lera M. => Die vergebene Liebe. Lera habe ich während meiner Ausbildung im Rahmen eines Auslandseinsatzes in Russland im Sommer 2004 kennengelernt. Lera war ein Teilzeitmodel und eine glatte ‚10'. Wir mochten uns sofort. Die Frage nach dem »Was machst du nach Feierabend?« kam schnell und sie kam von Lera. Gemeinsame Spaziergänge an der Wolga, Abendessen in schicken Restaurants oder Karaoke in der Wohnung ihrer Familie im Plattenbau. Es gab sogar Bemerkungen vom Chef, dass ich ihm nicht die Mitarbeiterinnen abspenstig machen sollte. Es gab auch hier zumindest zunächst keine sexuelle Beziehung, aber ich wäre keinesfalls abgeneigt gewesen und die Befürchtung des Chefs war nicht unberechtigt. Die

Zeit mit Lera fühlte sich gut an, war aber keine bedingungslose Liebe. Dafür gab es zu viele Nebengeräusche. Sie sprach offen an, eine Beziehung zu einem wohlhabenden italienischen Geschäftsmann unbestimmten Alters zu pflegen, der anscheinend nicht abgeneigt war, ihr das ein oder andere teure Geschenk zu machen. Deutlich ältere Männer waren für Lera mehr oder weniger Mittel zum Zweck, wobei von mir zu diesem Zeitpunkt natürlich schon 35 als deutlich älter angesehen wurde. Ich habe sie dafür nicht verurteilt. Mir imponierte eher ihre Offenheit. Einer gewissen Verunsicherung konnte ich mich aber nicht erwehren, schließlich war ich ja vielleicht aus ihrer Perspektive auch nur ein Geschäftsmann aus dem Westen, wenngleich nicht ganz so wohlhabend und noch grün hinter den Ohren. Wir hatten eine schöne Zeit, blieben aber unverbindlich, was auf meiner Seite zu einem nicht geringen Teil an Amelie lag (ja wieder, siehe unten). Mit dem Sommer ging auch der Auslandseinsatz vorüber. Lera verabschiedete mich am Flughafen. Die Umarmung war eng, hatte aber eine andere Qualität als damals mit Caroline. Zwar kamen Lera und ich auch aus anderen Welten, aber wir hatten, falls wir wollten, realistische Chancen, auf diesen ersten zarten Beginn anzuknüpfen. Und wir wollten. Irgendwie. Lera kam mich in den nächsten drei Jahren insgesamt dreimal besuchen. Die Besuche waren jedes Mal intensiv, aber nicht unbeschwert glücklich. Beim ersten Besuch (2005) hätte ich sie vielleicht festhalten können, wollte aber (noch) nicht. Immer noch wegen Amelie. Bei ihrem letzten Besuch (2007) wäre ich bereit gewesen, mehr zu wagen. Das Sexuelle, so viel will und muss ich selbstkritisch anmerken, stand bei mir ziemlich im Vordergrund. Es war schwer einzuschätzen, ob sie einfach mehr Zeit brauchte oder ein ‚Lass uns doch Freunde sein'-Szenario drohte. Vielleicht hatte ich schon 2005 meine Chance vertan, als ich sie wegschob, anstatt mich komplett auf sie einzulassen. Lera war nicht nur ausgesprochen hübsch, sie war auch ein warmherziger Mensch. Ansonsten gab es bei uns vielleicht mehr Unterschiede als Gemeinsamkeiten. Diese Beziehung hätte einen anderen Ausgang haben können und bietet somit auch viel Raum für Gedankenspiele. Im November 2017 rief Lera mich unvermittelt an. Wir hatten seit 2007 keinen Kontakt gehabt. Meine Mailadresse von damals (web.de) ist schon lange inaktiv und ich habe auch keinen Facebook-Account. Es war ein freundliches und offenes Gespräch, in dem wir uns in Bezug auf unsere Lebensumstände ausgetauscht haben. Sie sagte mit etwas gedrückter Stimme, dass sie wohl die Chance auf einen guten Ehemann vergeben hätte. Ich habe mit einem etwas resignierten und ernst gemeinten »Maybe« geantwortet. Ich konnte das Kompliment aber nicht vollständig zurückgeben. Die Gedankenspiele sind vielleicht doch berauschender als die Realität. Es war vorbei. Schöne Erinnerungen, aber Vergangenheit.

5. Amelie => Meine erste große Liebe. Das eine Mal, wo es wirklich weh getan hat.

Im Film ‚Last Boy Scout' (1991) untersuchen Joe Hallenbeck (Bruce Willis) und Jimmy Dix (Damon Wayans) die Wohnung von Dix's ermordeter Freundin Cory (Halle Barry), als das Gespräch auf die Liebe kommt und Hallenbeck sich skeptisch äußert (Quelle: moviequotes.com):

Jimmy: »*What, you don't believe in love?*«
Joe: »*Yeah, I believe in love; I also believe in cancer.*«
Jimmy: »*What, they're both diseases?*«
Joe: »*Yeah, something like that.*«
[Jimmy: »I'd love to meet the bitch that fucked you up.]"

Ich hätte Jimmy Amelie vorstellen müssen. Sie hat mir das Herz gebrochen und mich in Abgründe gestürzt. Nicht erst im Rückblick ist mir hierbei völlig klar, dass ich eine Teil- oder von mir aus auch die Hauptschuld trage. Amelie hat mich umgeworfen (2002 – 2006). War Amelie eine ‚10' oder ‚6'? Mir vollkommen egal. Eine solche Einordnung schien für Amelie völlig absurd. Ich war bedingungslos verliebt, Amelie in meinen Augen perfekt. Ich wollte mit ihr zusammen sein und hätte keine Sekunde gezögert. Aber natürlich hatte sie schon einen Freund. Das war zunächst unerheblich. Sobald wir in einem Raum waren, konnten wir beide die elektrische Spannung spüren. Dazu gab es an der Uni und in der Firma ausreichend Gelegenheit. Ich weiß, dass es ihr auch so ging, auch wenn es zwischen uns nie (sehr) physisch wurde. Sie muss gewusst haben, dass ich sie geliebt habe. Ich hätte es kaum deutlicher machen können (denke ich bis heute). Sie wollte ihren Freund aber nicht verlassen. Obwohl sie mit ihm nicht glücklich war und die besondere Verbindung zwischen uns auch gespürt hat. Stand sie zu diesem Zeitpunkt bereits kurz vor ihrer Verlobung? Ich glaube, es war so, und ich hatte auf irgendeiner Ebene auch Respekt davor. Dann aber auch wieder nicht. Was hätte ich also sagen sollen? Wie viel Druck hätte ich ausüben sollen? Manchmal hatte ich den Eindruck, sie hätte von mir einen Verlobungsantrag angenommen. Quasi aus dem Stand. War das realistisch? Ich hatte bis dahin bis auf das Fiasko mit Gesa noch keine Beziehung erlebt. Meine Liebe zu Amelie war jedenfalls echt und es hat mich zerfressen. Ich war also ein Westentaschen-Werther, aber es ist mir nicht peinlich. Vielleicht muss man einmal im Leben da durch. Amelie hat, da bin ich mir sicher, auch gelitten und nicht mit mir gespielt. Das macht es noch schwerer. Ich konnte ihr nie böse sein. Vielleicht schulde ich ihr sogar eine Entschuldigung für mein ungestümes und unreifes Verhalten, für meine Heftigkeit? Aber ich war nur verzweifelt und unerfahren. Ich habe mich dann in den auf den unmittelbar auf den ersten Ansturm folgenden Jahren phasenweise erfolgreich von Amelie distanzieren können. Die räumliche Distanz hat geholfen, war aber sofort verflogen, sobald wir wieder zusammentrafen. Katharina war insbesondere in dieser Phase lediglich eine unbedeutende Randnotiz. Lera konnte mich ungeachtet aller ihrer Reize ebenfalls nicht vollständig aus Amelies Bann befreien. Ich habe noch mitbekommen, dass Amelie 2008 geheiratet hat und dann wohl auch bald Mutter geworden ist. Für eine solche Art Beziehung war ich bis mindestens 2006 noch nicht bereit. Das Erwachsen-Sein war noch zu weit entfernt. Meine Liebe hätte vermutlich ausgereicht, aber es ist nun einmal anders gekommen. Hier sind die Gedankenspiele immer mal wieder aufgeflammt und auch wenn ich nicht mehr regelmäßig an Amelie denke, habe ich sie nie ganz vergessen.

Diese Schilderungen waren nun doch autobiografisch. Aber im Vergleich zu den anderen Themen fällt es bei der Liebe noch schwerer, allgemeine Aussagen zu treffen. Deshalb musste ich wenigstens den Boden bereiten, um aus der Perspektive des Vierzigjährigen begründen zu können, warum nach der Übergangsphase die »Was wäre, wenn?« Frage nun endlich beendet und begraben werden kann. Meine Überzeugung ist, dass die Antwort unerheblich und die berauschende Wirkung auf die Dauer schädlich ist. Ab einem gewissen Zeitpunkt gehört es für mich auch zum Erwachsen werden dazu, stärker in der Gegenwart zu leben. Die Vergangenheit ist ein Teil von uns, aber damit muss es auch gut sein. Meinem 25-jährigen »Ich« möchte ich zurufen, sei nicht traurig, wenigstens hast du geliebt.

Gerade wenn mein Hausdrache am Abend friedlich neben mir auf der Couch liegt und leise schnarcht, streichle ich ihr sanft über ihren Kopf und bin glücklich. Wir haben uns 2008 im Internet (Finya) kennengelernt. Mir hat ihr Profil gefallen, einschließlich des Profilbildes. Ich hatte kein Profilbild und sie hat trotzdem auf meine Nachricht geantwortet. Es war eine gesunde Basis. Sie konnte nicht nur mit meinem Humor umgehen, sondern hat zugleich bewiesen, dass Äußerlichkeiten bei ihr nicht an erster Stelle stehen. Es ist bis heute meine einzige Nachricht auf einer Dating-Site geblieben und ich habe mein Profil nach unserem ersten Telefonat direkt gelöscht. Ich hatte mich etwas vage in Bezug auf meinen geografischen Standort ausgedrückt (ich war zum Studium im Ausland), aber nachdem sie den ersten Schock überwunden hatte, hat sie unserem ersten Live-Treffen zugestimmt. Der Rest ist, wie man so sagt, Geschichte. Es hat sofort geknistert und wir haben ganz wenig Zeit damit verloren, uns in eine Beziehung zu stürzen. Ich habe meine Frau als humorvoll, intelligent und lieb kennengelernt. Wir haben wenig Anlauf benötigt, um eine vertrauensvolle Basis aufzubauen. Ich hatte unmittelbar das Gefühl, mich fallen lassen zu können. Zum ersten Mal hatte ich einen ‚gemeinsamen Song‘ mit einem Mädchen (Cocoon von Jack Johnson), was ein gutes Zeichen sein musste. Dieses Gefühl des Geliebtwerdens und des sich fallenlassen können war für mich neu und äußerst angenehm. Natürlich gab es in dieser ersten Phase auch täglich mehrmals Sex. Aber es war schnell klar, dass die Beziehung Tiefgang haben würde. Die ersten 18 Monate unserer Beziehung waren eine Fernbeziehung. Wir haben viel Zeit und Umstände in Kauf genommen, ohne dies auch nur einmal zu hinterfragen. Anschließend sind wir direkt zusammengezogen bzw. ich bin bei ihr eingezogen. Es hat ‚funktioniert‘. Wir waren verliebt und glücklich und sind Schritt für Schritt weiter gemeinsam durchs Leben gegangen. Wir sind hierbei mit allen Höhen und Tiefen, die das Leben unweigerlich bereithält, gemeinsam gut fertig geworden. Nach etwa sechs Jahren Beziehung waren die gemeinsamen Kinder und die

Hochzeit Entscheidungen aus tiefer Überzeugung, den Partner fürs Leben gefunden zu haben.

An dieser Stelle in meinem Leben denke ich vermehrt an den Garth Brooks Song *,unanswered prayers'*. Bisweilen merke ich, dass ich mit 40 nicht mehr so heftig empfinden und auch nicht mehr so naiv lieben kann wie mit 25. Aber ich vermute, das ist zumindest einigermaßen normal. In keinem Fall weine ich der Vergangenheit hinterher.

4. Ein Blick auf die Gesellschaft

Eigentlich ist es ähnlich wie bei der Liebe. Mein Blick mit 40 auf die Gesellschaft ist weniger heftig, weniger emotional als mit 25 oder gar mit 20. Vielleicht bin ich nun Teil des ‚Systems‘? Möglich, wobei noch zu überlegen wäre, was damit eigentlich gemeint ist. Ich würde für mich reklamieren, auch während meiner Schul- und Studienzeit an gesellschaftlichen Entwicklungen interessiert gewesen zu sein. Geschichte war mein Lieblingsfach. Die Schulstunden rund um den Wiener Kongress oder auch die Weimarer Republik schienen mir stets eine Relevanz für die aktuellen Geschehnisse zu haben. Auch heute erscheinen mir noch einige, aber lange nicht alle Überlegungen und Ansichten aus meiner Jugendzeit nachvollziehbar. Mit 40 bin ich aber nicht nur in der Lage, sondern bedingt durch die über die Jahre gesammelten Erfahrungen gezwungen, viele Fragen differenzierter zu betrachten. Mit zunehmender Lebenserfahrung sollte jedem bewusst werden, dass nicht alle gesellschaftlichen Fragen in einfache Schablonen wie ‚richtig‘ und ‚falsch‘ oder ‚gut‘ und ‚böse‘ gepresst werden können. In beinahe allen Fragen gibt es viele Grautöne. Häufig stehen bei der Suche nach Lösungen Meinungen gegenüber, die unversöhnlich scheinen. Bei näherer Betrachtung stellt sich dann aber heraus, dass die Menschen, die diese konträren Meinungen vertreten, aus ihrer jeweiligen Perspektive ein berechtigtes Ansinnen haben. In einer Demokratie muss dann um die Lösung bzw. um Mehrheiten gerungen werden, idealerweise auf der Basis von

Argumenten. Insbesondere in schwierigen Zeiten wird dieses System auf die Probe gestellt. In den letzten drei bis vier Jahren hat sich der Ton bei der Diskussion um gesellschaftliche Fragestellungen wie Flüchtlingspolitik, Klimapolitik und jüngst natürlich Corona deutlich verschärft. Es scheinen sich vielfach Extrempositionen gegenüberzustehen und die Grautöne sind unerwünscht, werden niedergebrüllt.

Für unsere Generation ist diese Form der ‚Politisierung' der Gesellschaft eine neue Erfahrung. Es stehen plötzlich Themen auf der Agenda, deren Auswirkungen wir uns nicht entziehen können. Es wäre also an der Zeit, am Diskurs teilzunehmen, aber unsere Generation erscheint mir bisweilen in Gefahr, zur ‚vergessenen' bzw. zur ‚übersprungenen' Generation zu werden. Mit welche Überlegungen und Positionen können wir uns weitgehend unabhängig von unserem Parteibuch an die aktuellen Überlegungen herantasten?

4.1 Politik bis 2020

Ich gehöre nicht zu den rund 1,2 Mio. Parteibuchinhabern in Deutschland. Aber gut, das Durchschnittsalter für Parteimitglieder liegt mit Ausnahme der Grünen (48 Jahre) deutlich oberhalb der 50 und mir bleibt noch etwas Zeit (Quelle: Statista.de). Im Interesse einer möglichst transparenten Einordnung der nachfolgenden Aussagen möchte ich mich an dieser Stelle der Betrachtungen in gebotener Kürze als ‚Neoliberaler' einordnen. Fast hätte ich ‚outen' geschrieben, ruft dieses

Etikett doch bei vielen abhängig vom jeweiligen Gemüt, ein herablassendes Unverständnis oder eine vehemente Ablehnung und Hysterie hervor. Ich kann es verstehen, doch die Ursache liegt in meiner Wahrnehmung darin, dass die in der Öffentlichkeit herrschende Vorstellung vom Neoliberalismus einem stark vereinfachten Zerrbild entspricht. Auch in der Wissenschaft sieht es hier oftmals nicht besser aus. Der Neoliberalismus hat eine ungemein theoretische Bandbreite, die von Vertretern wie Friedrich Hayek und Ludwig Erhard bis zu Ludwig von Mises reicht. Und die absurdesten Streitschriften, die ich gelesen habe, arbeiten daran herauszustellen, warum Mises ,besser' sein soll als Hayek (der in diesem Kontext gern provozierend als ,Sozialdemokrat' etikettiert wird). Dies ist für politisch Interessierte vielleicht stellenweise unterhaltsam, aber in Diskussionen im Freundeskreis habe ich schnell festgestellt, dass selbst unter den grundsätzlich Interessierten kaum Raum für die Berücksichtigung solcher Nuancen ist. Um daher zu verhindern, mich hier in der Beschreibung von Etiketten zu verzetteln, soll die Bemerkung ausreichen, dass Neoliberale in der Tradition der sog. Österreichischen bzw. Freiburger Schule sich vor allem als ,Ordnungspolitiker' verstehen. Dieses Verständnis geht mit einem Idealbild vom Staat einher, in dem der Staat allgemeine und verbindliche Leitlinien bzw. Spielregeln vorgibt, ansonsten aber primär in der Rolle des Schiedsrichters verbleibt und nicht selbst in einem ,Spiel' in Form der unternehmerischen Leistungserbringung agiert. Dieses Verständnis ist weder mit einem Raubtierkapitalismus noch mit einem Nachtwächterstaat gleichzusetzen. Auch darf dies nicht mit einem Freibrief für Unternehmer verwechselt werden. Im Gegenteil, die Unternehmer haben die Verantwortung für ihr Handeln zu tragen. Bei Verletzung der Spielregeln, also Delikten wie Umweltverschmutzung (Abgas-Skandal) oder Bilanzfälschungen (Wirecard), hat der Staat konsequent gegen die betreffenden Unternehmen und verantwortlichen Manager durchzugreifen. Auch der in diesem Zusammenhang bisweilen mitschuldige Staatsdiener dürfte gerne einmal persönliche Konsequenzen, also auch Haftstrafen, erfahren dürfen, aber ich möchte hier keine Träumereien ausleben. Der Staat sollte jedenfalls auch nicht mit Unternehmen ‚kungeln‘ und durch (offene oder versteckte) Subventionen in den Wirtschaftsprozess eingreifen. Gerade in dieser Beziehung sehen wir häufig einen Etikettenschwindel, bei dem solche Kungelei mit Auswüchsen dem Kapitalismus gleichgesetzt wird. Das Gegenteil wäre richtig, wobei auf den zu Beginn angesprochenen roten Faden zu verweisen ist. Brantley Foster, Brian Flanagan und Bud Fox sind überzeugte Kapitalisten, aber kaum verdächtig, sich in Kungeleien mit dem Staat zu verstricken. Bud Fox muss ins Gefängnis, aber nicht, weil er durch Gordon Gekko's ‚Gier ist gut‘-Mantra verführt wurde (natürlich war die Zerschlagung von Teldar Paper wirtschaftlich geboten), sondern weil er sich durch Insiderhandel strafbar gemacht hatte.

Egal, der Begriff, auf den ich hinauswill, vielleicht geht es nicht ganz ohne Etiketten, ist die ‚soziale Marktwirtschaft‘, die unsere Generation stark geprägt hat und aus unserer (wirtschafts-)politischen DNA kaum wegzudenken ist. In diesem Zusammenhang ist ‚uns‘ als eine breite

Gruppe zu verstehen, wobei ich auch meinen ‚rot-grünen' Freundeskreis vor Augen habe – ob ein CDU-Wähler dabei ist, kann ich nicht völlig ausschließen, dieser wäre aber in das ‚uns' zu integrieren. Gerade in unserer Generation schien während der letzten zwanzig Jahre ein recht großer Konsens in Bezug auf die erwünschten Grundregeln und Aufgaben des Staats zu bestehen. Eine staatliche Krankenvorsorge, die staatliche Absicherung im Alter, eine staatlich zumindest geförderte Bildung (einschließlich der Uni) sowie eine gewisse Mindestabsicherung im Fall der Arbeitslosigkeit. Auch die ‚freiheitlich demokratische Grundordnung' war für uns selbstverständlich. An dieser Stelle, als kurze Pause, vielleicht noch mal zur Wiederholung die vom Bundesverfassungsgericht genannten grundlegenden Prinzipien (Quelle: Bundeszentrale für politische Bildung):

- Achtung vor den im Grundgesetz konkretisierten Menschenrechten
- die Volkssouveränität,
- die Gewaltenteilung,
- die Verantwortlichkeit der Regierung,
- die Gesetzmäßigkeit der Verwaltung,
- die Unabhängigkeit der Gerichte,
- das Mehrparteienprinzip und
- die Chancengleichheit für alle politischen Parteien mit dem Recht auf verfassungsmäßige Ausübung einer Opposition.

Es gab für uns seit dem Abitur wenig Grund, uns mit diesen Grundlagen kritisch auseinanderzusetzen. Streitgespräche entflammten im Kleinen wie im Großen, hauptsächlich bei der beständigen Anpassung der Ausgestaltung unserer sozialer Marktwirtschaft an gesellschaftliche und technische Entwicklungen. Neben diversen Regulierungen im Bereich der Umweltpolitik (Dosenpfand, Energiesparlampe, EEG usw.) gab es immer wieder auch Reformen auf dem Arbeitsmarkt (Hartz IV). Über die einzelnen Themen lässt sich trefflich streiten, aber es waren doch vergleichsweise kleine Scharmützel. Selbst bei den gewichtigen Themen Bankenrettung und europäischer Stabilitätsmechanismus erscheint der Grad der ‚Aufregung‘ aus heutiger Perspektive vergleichsweise gering. Ob das Handeln unserer Regierung hier rechtswidrig war, ist eine Frage für Juristen und war ja auch tatsächlich Gegenstand von entsprechenden Verfahren. In jedem Fall aber war es aus Sicht vieler (Neo-)Liberaler ein ordnungspolitischer Sündenfall, wurde doch das Prinzip der Verknüpfung zwischen wirtschaftlicher Verantwortung und Haftung außer Kraft gesetzt. Dieses Prinzip sollte für Unternehmen und für Staaten gleichermaßen Bestand haben. Wird es aufgehoben oder verwässert, drohen wirtschaftliche Fehlanreize und die Risiken werden auf ‚unbeteiligte‘ bzw. den Steuerzahler abgewälzt – »Die Zeche zahlen die anderen«. Ob ein solches Handeln durch die Berufung auf eine ‚europäische Solidarität‘ gerechtfertigt werden kann, erscheint zumindest zweifelhaft.

Ich bin kein Politikwissenschaftler, aber es wäre wohl möglich, hier eine erste vielleicht kleine Zäsur im politischen Leben unserer Generation zu verorten. Bei der Europawahl 2014 erreichte die AFD ‚aus dem Stand‘ 7,1 Prozent, während die FDP von 11,0 Prozent im Jahr 2009 auf 3,4 % zurückfiel (Quelle: Bundeswahlleiter.

de). Diese AFD-Partei war zwar weder personell noch programmatisch mit der heutigen AFD gleichzusetzen, aber der Wahlerfolg war einem Protest zuzuschreiben (auch ich konnte 2014 der FDP meine Stimme nicht geben, bin seither aber wieder ein wenngleich wenig enthusiastischer FDP-Wähler). Jedenfalls war nun die AFD auf der politischen Bildfläche, um dann in den nächsten Jahren eine nicht für möglich gehaltene Entwicklung zu durchlaufen, wobei für unsere politisch behütet aufgewachsene Generation die offen rechts-populistischen Aussagen schwierig zu verarbeiten sind. Mit Blick auf die Europawahlergebnisse von 2014 fällt aber auf, dass die SPD noch mit 27,3 Prozent der Stimmen nach Hause ging. Das ist deutlich weniger als bei meiner ersten Bundestagswahl im Jahr 1998, bei der die SPD um Gerhard Schröder noch mit 40,9 Prozent (einschließlich meiner Stimme) triumphierte. Aber die politische Gesamtlage war aus unserer Sicht noch einigermaßen stabil. Damit meine ich, dass es in den ersten rund zwanzig Jahren unseres politischen Lebens mit der SPD und der CDU zwei Volksparteien gab, deren Vormachtstellung nicht infrage gestellt wurde. Dies galt im Wesentlichen auch für den politischen Erfahrungsschatz unserer Eltern. Die FDP und die Grünen standen wahlweise als Koalitionspartner zur Verfügung und konnten lediglich einen begrenzten Einfluss auf die Grundausrichtung der jeweiligen Regierung nehmen, wobei die Grünen sowohl in Regierungsverantwortung als auch in den Oppositionen deutlich nachhaltigeren Einfluss nehmen konnten. Als Resultat bzw. Ausdruck dieser Stabilität hatten wir seit 1982 lediglich drei Regierungschefs: Helmut Kohl, Gerhard Schröder und Angela Merkel. Zum Vergleich: Für Italien zähle ich auf Wikipedia im gleichen Zeitraum 19 verschiedene Regierungschefs und die USA hatten immerhin sechs Präsidenten.

Ich möchte in diese Entwicklungen nicht zu viel hineininterpretieren, aber ich denke, es ist schon legitim festzustellen, dass unsere Generation sich bisher weitgehend in einer politischen Komfortzone bewegte. Vielleicht war dies für uns auch positiv, die Politik erscheint doch wie ein ‚schmutziges Geschäft' und ist mit vielen unnützen Streitereien verbunden. Die Regel ‚Keine Religion und keine Politik' bei Tisch habe ich mir über die Jahre zumindest angeeignet. Für mich galt es bisher erstrebenswert, möglichst entspannt auf die Tagespolitik zu blicken – frei nach Fettes Brot (‚Politiker, die kommen und die gehen mal …'). Da die oben beschriebenen Grundlagen der sozialen Marktwirtschaft und der freiheitlich demokratischen Grundordnung nicht in Gefahr schienen, war es auch möglich, in meiner Komfortzone zu verharren. Eine für unsere Generation neue Erfahrung ist nun, dass diese Komfortzone schrumpft.

4.2 Politik nach 2020

Ich kann nicht abstreiten, dass es mir schwerfällt, aus meiner oben beschriebenen Komfortzone zu treten. Mit Demonstrationen kann ich nicht viel anfangen und mir steht auch nicht der Sinn danach, mir ein Parteibuch zuzulegen oder einen politischen Blog ins Leben zu rufen. In der Hoffnung, dass aktivere Vertreter unserer

Generation dieses Buch lesen, können die nachfolgenden Betrachtungen im Idealfall vielleicht eine motivierende Wirkung entfalten. Dabei möchte ich mich zunächst ausdrücklich in hoffentlich nicht falsch verstandener Bescheidenheit üben.

Natürlich kennen wir den bekannten Ausspruch von Cicero »*Ich weiß, dass ich nichts weiß*«. Ein schöner Spruch für das Poesiealbum, aber nicht besonders hilfreich, wenn es darum geht, die soziale Marktwirtschaft und die freiheitlich demokratische Grundordnung zu verteidigen. Die für die Praxis etwas hilfreichere Neufassung dieses Ausspruchs kann als die Vermeidung der *‚Anmaßung von Wissen'* beschrieben werden (frei nach F. A. Hayek). Übertragen auf die politische Situation im Jahr 2020 ist dies als Warnung gegenüber Technokraten zu verstehen, die die ‚Wissenschaft' zu einem als eindeutig und abgeschlossenen Thema erklären und die politischen Entscheidungsprozesse (bzw. sozialen Entwicklungsprozesse) daraufhin mit autoritärer Macht abkürzen oder beeinflussen wollen (vgl. auch FAZ.net »Wider die Anmaßung von Wissen« von K. Horn). Im Vergleich zu unserer Jugend hat sich die Suche (Recherche) nach Wissen in einem unglaublichen Maß vereinfacht. Wir können nach jedem Thema bequem auf Google suchen und finden problemlos eine Flut von Informationen. Die Herausforderung besteht sowohl in der Interpretation und ganz besonders auch in der Übersetzung dieser Informationen in eine politische Präferenz oder gar Handlung. Das geht uns allen so, auch Politikern. Es ist uns schlicht unmöglich, die Mehrzahl der Themen auf einem hohen Niveau zu durchdringen und so müssen, wenn überhaupt, die Zusammenfassungen (,Executive Summaries') der uns am verlässlichsten erscheinenden Artikel und Quellen ausreichen. Zumindest für Themen, die uns am Herzen liegen, fühlen wir uns in der Regel recht gut informiert. Dennoch müssen wir aufpassen, nicht in die ,Anmaßung von Wissen' zu verfallen und in Berufung auf unser Wissen zu autoritärer Macht zu greifen, um unsere Vorstellungen umzusetzen.

Um ein aktuelles Beispiel zu bemühen, bleibe ich direkt bei Google. Zahlt Google ausreichend Steuern bzw. ist die Besteuerung der Digitalwirtschaft insgesamt ,fair'? Diese Frage wird in der nationalen und internationalen Politik derzeit heiß diskutiert. Unser Finanzminister Herr Olaf Scholz hat wie auch Herr Macron und andere politische Schwergewichte hierzu auch bereits eine eindeutige Position bezogen und auf die voranstehende Frage mit einem schallenden ,Nein' geantwortet; »*Alle Unternehmen sollten ihren gerechten Anteil an den Steuern zahlen, einschließlich der Unternehmen in der digitalen Wirtschaft. Dies ist eine Frage der Gerechtigkeit und des fairen Wettbewerbs.*« (Quelle: Law360.com – T. Buell vom 5. November 2020). In diesem Zusammenhang sprach sich Herr Scholz explizit für die Umsetzung der auf internationaler Ebene durch die OECD erarbeiteten Reformpläne aus. Die entsprechenden Reformen werden seit etwa einem Jahr intensiv in Steuerfachkreisen diskutiert. Den an diesen Diskussionen beteiligten Experten ist weitgehend klar, dass es bei den aktuellen Reformen der OECD nicht darum geht, dass die Unternehmen der digitalen Wirtschaft mehr (oder einen gerechteren Anteil) an Steuern zahlen. Es geht vielmehr um die Neu-

beziehungsweise Um-Verteilung von existierenden Besteuerungsrechten. Hierbei sollen sog- ‚Sitzländer' (stark vereinfacht: Länder, in denen die Konzernzentralen ansässig sind) einen Teil ihrer Besteuerungsrechte an sog. ‚Marktstaaten' (stark vereinfacht: Länder, in denen keine Tochtergesellschaft oder Betriebsstätte von Google registriert ist, aber in denen Menschen Google nutzen), abtreten. Die Marktstaaten sollen also ein Stück vom Steuerkuchen abbekommen, weil in Ihrem Hoheitsgebiet Menschen Google nutzen (und an diese Werbung ausgeliefert wird). Die technische Umsetzung dieser Reformen resultiert für die betreffenden Unternehmen (und Steuerbehörden) absehbar in einem absurden administrativen Albtraum, ohne dass hiervon Marktstaaten, insbesondere Entwicklungsländer, einen spürbaren Vorteil ziehen könnten. Das Ganze kann man nun gut oder schlecht finden, aber es hat systematisch nichts damit zu tun, ob Google mehr Steuern zahlen soll – es ist ein Nullsummenspiel. Steuerliche Mehreinnahmen können nur daraus resultieren, dass einige Sitzländer (Irland, Holland, Luxemburg) eher niedrige Steuersätze haben und Ihre rechte an Länder mit höheren Steuersätzen abgeben müssen. Die entsprechenden Zusammenhänge und Auswirkungen wurden von der OECD in einer detaillierten Folgeabschätzung herausgearbeitet, die durchaus Anlass bieten den Aussagen von Herrn Scholz zu widersprechen. Wem es geruht nach diesen Stichworten zu googeln [sic!], wird sich hier auch schnell ein fundiertes Wissen aneignen können. Vermutlich kann ein Politiker an dieser Stelle nicht aus seiner Rolle treten. Ein Schelm, wer Böses dabei denkt (Errichtung eines

‚Steuerkartells' und den Zugriff auf Gewinne von US-Konzernen). Herr Scholz ist mir auf merkwürdige Weise schon immer sympathisch gewesen, aber in Bezug auf seine Positionierung zum Thema Digitalsteuer sind nach meiner Einschätzung die oben skizzierten technischen Unschärfen nicht zu verkennen. Einige seiner Beamten im Finanzministerium sind mit Sicherheit in der Lage, die rund 500-seitigen Reformpläne der OECD zu lesen und zu verstehen, wobei dieses Fachwissen nicht unbedingt die politische Ausrichtung von Herrn Scholz beeinflussen muss.

Es geht nicht darum, eine Lanze für die Unternehmen oder aggressive Steuergestaltungen zu brechen. Auch soll Herr Scholz keineswegs in eine ‚Fake News' Ecke gestellt werden. Es gibt ja unbestreitbar auch aggressive Steuerplanung. Es soll aber gezeigt werden, dass Worte wie ‚fair' und ‚gerecht' kein Ersatz für eine Politik sein können, die im Einklang mit den wissenschaftlichen Grundlagen steht oder eine technische vernünftige Umsetzung erlaubt. Wie in dem vorliegenden Beispiel mit der Besteuerung von Besteuerung der Digitalwirtschaft deutlich geworden sein sollte, müssen die Meinungsverschiedenheiten sich keineswegs auf die Ziele der Politik beziehen. Bei näherem Hinsehen wird es durch die Entwicklung alternativer Lösungswege häufig auch möglich sein, diese Ziele auf eine Art und Weise zu erreichen, die politisch konsensfähig und technisch tragfähig ist. Ersparen sollten wir uns allerdings das beständige Heben des moralischen Zeigefingers zur Durchsetzung unsere politischen Ziele. Wenn ich an dieser Stelle auf den am Anfang dieses Buches beschriebenen roten Faden zurückkomme, empfinde ich es schon als bemerkenswert, wie negativ unsere Generation im Allgemeinen auf Unternehmen und die Wirtschaft blickt. Es scheint mir, als würden sich viele meiner Freunde und Bekannten im Rahmen von Diskussionen beinahe reflexartig auf die schwarzen Schafe und Skandale fokussieren. Ausgehend von diesen wird dann die Forderung nach strengeren Regularien und staatlichen Eingriffen abgeleitet. Es ist häufig müßig und unangenehm, sich in diese Diskussion einzubringen, da man, obwohl einem nicht daran gelegen ist, die betreffenden Unternehmen zu verteidigen, sich nicht dem Gefühl erwehren kann, ‚bergauf‘ argumentieren zu müssen. Vielleicht bin ich über die Jahre dieser Diskussionen einfach überdrüssig geworden, aber ich habe doch den Eindruck, dass der moralische Berg über die Jahre steiler geworden ist.

Im Fall von Google ist es noch einfach mit dem moralischen Berg. Wer, wie Herr Scholz der Meinung ist, ein Marktstaat (siehe oben) sollte ein Besteuerungsrecht (Körperschaftssteuer) an Googles Gewinnen zugesprochen bekommen, obwohl kein Mitarbeiter von Google jemals das Gebiet dieses Marktstaates betreten hat, kann selbstverständlich und mit voller Berechtigung die aktuellen Reformpläne der OECD unterstützen. Die Begründung dieser Unterstützung sollte dann aber darauf aufbauen, dass entweder die ‚Nutzer‘ direkt zur Wertschöpfung von Google beitragen oder Google die öffentliche Infrastruktur des Landes nutzt. Zumindest über den Wertschöpfungsbegriff ließe sich aus meiner Sicht auch streiten – was auf wissenschaftlicher Ebene auch längst stattfindet. Aber mit den Begriffen ‚Fairness‘

und ‚Gerechtigkeit‘, die ein unmoralisches Verhalten von Google oder wahlweise Staaten mit niedrigen Körperschaftssteuersätzen unterstellen, muss an dieser Stelle nicht argumentiert werden. Eine damit einhergehende Abflachung des moralischen Berges würde unserer Generation aus meiner Sicht gut zu Gesicht stehen. Von der jüngeren Generation, die noch viel stärker in moralischen Kategorien zu denken scheint, ist eine solche Hinwendung zu einem rationaleren Diskurs nicht zu erwarten. Die Generation unserer Eltern hat auf mich nie einen übertrieben moralisierenden Eindruck gemacht.

Mir ist bewusst, dass die letzten Aussagen recht allgemeiner und verallgemeinernder Natur waren. Wenn ich nun von dem mir einigermaßen vertrauten Thema der Digitalsteuer zur Erörterung anderer mir weniger vertrauter Themen übergehe, muss ich also noch vorsichtiger werden. Das Bild von der Abflachung des moralischen Berges möchte ich aber wenigstens skizzenhaft auf einige aktuelle Themen beziehen, insbesondere auf solche, die in den nächsten Jahren an zentraler Stelle stehen mögen. Ich beschränke mich wieder auf die Top 5:

1. Europa / EU => Unsere Generation ist vielleicht die ‚europäischste‘ aller Zeiten. Über die Jahre haben wir uns an ‚Europa‘ gewöhnt, haben Urlaubs-, Studien- und Arbeitszeit in Europa verbracht. Ich hatte die Gelegenheit und das Glück, vergleichsweise viel Zeit im Osteuropa verbringen zu dürfen und war primär in Familienurlauben, auch in Südeuropa unterwegs (insbesondere auf Mallorca und Ibiza, #Klischee). Ich fühle mich als Europäer, aber vielleicht noch stär-

ker fühle ich mich als Deutscher. Meine Nachbarn sind Deutsche und meine sozialen und politischen Präferenzen sind ‚Deutsch'. Von mir aus bin ich (in Jugendsprache) ein ‚Allman'. Die deutsche Identität verstehe in diesem Zusammenhang aber ganz ausdrücklich nicht als ab- oder ausgrenzend. Ich habe keine Angst davor, dass Deutschland sich ‚abschaffen' könnte. Die (deutsche) Identität ist, vielleicht zum Glück, nicht statisch, sondern entwickelt bzw. verändert sich mit der Zeit. Insgesamt, also im Sinne einer Mehrheitsbekundung der in Deutschland lebenden Individuen, haben wir allerdings Präferenzen, die sich von denen der Individuen in anderen europäischen Ländern unterscheiden (Quelle: World Values Survey). Die Unterschiede sind in einigen Bereichen (Bildungspolitik, Sozialstandards) stärker ausgeprägt als in anderen (Handelspolitik, Klimaschutz). Für mich war es immer wichtig und naheliegend, die europäische Zusammenarbeit in Bereichen zu fördern und intensivieren, in denen die Präferenzen ähnlich sind und in den übrigen Bereichen Lösungen zu finden, die es jedem Land erlauben ‚nach seiner Façon selig zu werden' Also getreu dem ursprünglichen Europa-Credo: »In Vielfalt geeint«. Leider war dies in den letzten rund zehn Jahren nicht der politische Kurs der EU. Als Konsequenz stehen wir nun unmittelbar vor dem BREXIT. Schwerer als wirtschaftliche Implikationen wirkt für mich die ‚Symbolkraft'. Die Briten (Engländer) wollen (mehrheitlich) nicht mehr Teil der EU sein. Dafür wurden sie in der deutschen Öffentlichkeit für meine Begriffe viel zu heftig kritisiert. Zu wenig wurde nach den tiefer liegenden Ursachen gefragt und zu bereitwillig mit dem Finger auf die Rechtspopulisten der UKIP gezeigt. Für mich gehören die Briten zweifellos zu Europa und ich habe die Entwicklung mit Bedauern zur Kenntnis genommen. Als besorgniserregend habe ich empfunden, wie wenig selbstkritisch ,unsere' Europapolitiker agieren. Ein ,immer engeres' Europa mit zusätzlichen Kompetenzen in Brüssel scheint weit oben auf dem moralischen Berg verankert (,alternativlos'). Martin Schulz hat in Bezug auf eine zentralistisch ausgerichtete Europapolitik (Stichwort »europäische Gemeinschaftsmethode«) eine prominente Rolle gespielt und wollte den »gefesselten Riesen« befreien (Quelle: Schulz, M. (2014). Die parlamentarischen Auseinandersetzungen zwischen Herrn Schulz und einem Herrn Farage haben meiner Einschätzung nach reichlich Wasser auf die Mühlen der EU-Skeptiker gegossen. Basierend auf den bereits erwähnten Ergebnissen der Europawahl 2014 und den weiteren Entwicklungen stellte sich erneut und verstärkt die Frage, ob es im Interesse einer dauerhaften europäischen Zusammenarbeit nicht vorteilhaft wäre von der Fokussierung auf die Gemeinschaftsmethode abzurücken. Aus unserer Generation saßen zu diesem Zeitpunkt noch recht wenige Vertreter an den entscheidenden Positionen, um eingreifen zu können. Unabhängig von der Farbe des Parteibuches der Akteure wäre zu hoffen, dass aus einer pro-europäischen Grundüberzeugung heraus Wege gesucht werden, die ein konstruktives Zusammenarbeiten der Europäer fördert. Die Antwort kann dabei nicht lauten, auf breiter Linie zusätzliche Kompetenzen nach Brüssel zu verlagern, sondern mit viel Augenmaß vorzugehen und nationale ‚Befindlichkeiten' zu respektieren. Gelingt es uns nicht, die Europapolitik entsprechend in ruhigeres Fahrwasser zu lenken, drohen wir das in unserer Jugend entwickelte europäische Selbstverständnis zu verspielen, indem auch das Bekenntnis zum Frieden verankert war.

2. Amerika => Schon beim ersten Tastenanschlag merke ich, dass mir Europa eigentlich viel wichtiger ist als Amerika. Als MTV-Generation waren wir aber schon immer auch stark auf Amerika fokussiert. Nun könnten wir nüchtern bilanzieren, dass der Lack in den letzten Jahren etwas abgeblättert ist. Ich sehe mich immer aber noch neben Bud Fox und Brantley Foster im Bus nach New York sitzen und bin bereit, an meinem Glauben an die Legende vom Land der unbegrenzten Möglichkeiten festzuhalten. Wie bei allen Legenden sieht die Realität etwas weniger glänzend aus. Die Möglichkeiten sind nicht für jeden im gleichen Ausmaß unbegrenzt und natürlich sind auch die USA von internen und externen Problemen zerrüttet. Das ist aber nicht überraschend und auch kein Grund für Schadenfreude oder Überheblichkeit. Als Vierzigjährige schauen wir nicht länger naiv nach Amerika. Aber das Gefühl einer tieferen kulturellen Verbundenheit ist mir doch erhalten geblieben, wobei ich mich nicht nur auf die hier erwähnten Hollywood-Filme beziehe. Amerika war lange der unangefochtene Hegemon. Insgesamt schien Ame-

rika diese Rolle aber weitgehend mit Bedacht auszu-
üben. Ohne Amerika zu glorifizieren, wurde diesem
Land insgesamt doch allgemein und bereitwillig eine
positive Rolle zugeschrieben. Auch in der Vergangenheit war dies in pauschaler Form nicht gerechtfertigt, auch nicht unter einem Präsidenten Obama.
Nun gab es ab 2016 in Amerika für vier Jahre einen
Präsidenten, über dessen persönliches Auftreten wir
nur unsere Köpfe schütteln konnten. Rund 80 Prozent der Deutschen haben kein Vertrauen darauf
das Trump in Bezug auf das Weltgeschehen richtig
handelt (Quelle: Redaktionsnetzwerk Deutschland).
Vor dem Hintergrund dieser Einschätzung würde es
vermutlich möglich sein, viele fragwürdige Entscheidungen von Trump festzuhalten. Dies alles kann aber
kaum die (mediale und politische) Hysterie erklären,
mit der in Deutschland während der Regierungszeit
von Trump auf Amerika geblickt wurde. Zur Ver-
giftung des politischen Klimas gehören immer zwei
Seiten. Die Mehrheit der Amerikaner hatte Trump
gewählt und auch 2020 verlor er die Wahl nur knapp.
Steht es uns gut zu Gesicht, die Trump-Wähler als
hinterwäldlerische Idioten abzustempeln? Für die
eigenen Überzeugungen und Werte einzustehen ist
immer geboten. Aber wie sagt man, der Ton macht
die Musik. Die von nicht wenigen öffentlichen Ak-
teuren zur Schau gestellte moralische Überlegenheit
erschien mir überzogen. In meinem Freundeskreis
wurde Trump im Zusammenhang mit seiner Co-
rona-Infektion der Tod gewünscht. Mein Freund
(Waffenbesitzer) meinte dies nicht unbedingt wört-

lich, aber ich war doch erstaunt, wie hoch die Emotionen zu diesem Zeitpunkt schon gekocht waren und vermutete, dass entsprechende Gedanken weit verbreitet waren. Herrn Zamperoni, Jahrgang 1974, würde ich von der beschriebenen Hysterie exemplarisch ausklammern wollen, da er erkennbar bemüht war, ein differenziertes Bild der Amerikaner zu präsentieren. Aber auch bei Herrn Zamperoni ist es bei einer weniger freundlichen Auslegung schon schwierig, nicht den von Wolfgang Kubicki gebrachten Begriff des ‚Haltungsjournalismus' (Quelle: Welt.de) als gerechtfertigt zu akzeptieren. Es geht hier nicht um ein Geschrei um ‚Fake News', aber die ungebetenen Meinungsäußerungen innerhalb der öffentlich-rechtlichen Nachrichten empfinde auch ich in den letzten Jahren als inflationär. Es wäre in jedem Fall schön, wenn das Bemühen um gegenseitiges Verständnis in den nächsten Jahren aufgegriffen wird und in einer stärkeren beziehungsweise freundlicheren politischen Bindung an die USA resultiert. Als Teil der MTV Generation hätte ich Schwierigkeiten, mich in einer politischen Welt zurechtzufinden, in der wir die USA und auch die Briten nicht länger als unsere Freunde wahrnehmen.

3. Klimawandel => Bei kaum einem Thema erscheint der moralische Berg in den letzten Jahren größer geworden zu sein als beim Klimawandel. Die wissenschaftliche Basis erscheint mir zumindest in Bezug auf die mit dem Klimawandel verbundenen Schäden deutlich weniger ‚eindeutig' zu sein als dies oftmals

in den öffentlichen Debatten zum Ausdruck kommt. Es ist mir bisher unverständlich geblieben, wie überhaupt jemand, der den 2006 veröffentlichten Stern-Report nicht zumindest auszugsweise gelesen hat, sich mit inbrünstiger Überzeugung für eine radikale Klimapolitik aussprechen kann. Es ist doch schließlich der Stern-Report, aus dem ursprünglich das allgegenwärtige Ziel der Begrenzung der Erhöhung der Durchschnittstemperatur von zwei Grad abgeleitet wurde. Auch ohne eine fachliche Auseinandersetzung mit den klimatologischen Hintergründen sollte bereits die kritische Diskussion des Stern-Reports unter Wissenschaftlern (u. a. sind hier W. Nordhaus und R. Tol zu nennen) verdeutlichen, dass insbesondere die von Stern berechneten Schadensszenarien mit Vorsicht zu genießen sind. Stern selbst hat dies nicht einmal als Affront gewertet, sondern die Diskussion mit Nordhaus und anderen angenommen. Auf dem YouTube-Kanal kann das gesamte Symposium zum Stern-Report in aller Ruhe verfolgt werden. Natürlich sind bereits fast 15 Jahre seit Veröffentlichung des Stern-Reports vergangen, aber für die Art und Weise der Diskussionsführung können wir noch immer viel lernen. Die in den ,Friday's for Future' Demonstrationen zur Schau getragene Hysterie kann ich der jüngeren Generation nachsehen. Aber die bisweilen unreflektierte und unkritische Überleitung der teilweise etwas kindisch anmutenden Forderungen in die Tagespolitik durch unsere Generation erscheint mir bisweilen befremdlich. Es scheint das Motto ,Klimaschutz um jeden Preis' zu gelten. Auch wenn hier den Beteiligten die besten Absichten zugebilligt werden können, scheint die Klimapolitik für viele in unserer Generation eine Art Ersatzreligion geworden zu sein. Auch der geläufige, aus meiner Sicht schwierige Begriff des ‚Klimaleugners‘ passt hier ins Bild. Unsere Generation scheint hier auch besonders eifrig. In meinem privaten Umfeld wird bisweilen ein beinahe militanter Ton angeschlagen. Haben wir ein schlechtes Gewissen, mit 18 nicht auf Umweltdemos gegangen zu sein? Ich nicht, aber ich vermute, einige in unserer Generation würden sich diesen Schuh bereitwillig anziehen. Eine stärker auf den Klimaschutz bedachte Politik hat in Deutschland in jedem Fall breiten Zuspruch. Im europäischen Vergleich sind sowohl das Problembewusstsein als auch die Präferenzen für einen stärkeren Klimaschutz in Deutschland überdurchschnittlich stark, weit überdurchschnittlich ausgeprägt [Vgl. Spezial-Eurobarometer »Klimawandel« vom April 2019]. Die Beanspruchung einer Vorreiterrolle ist somit für unsere Politiker legitim und auch opportun. Kritisch und ein klein wenig nervig ist die moralische Überheblichkeit, mit der viele Befürworter einer (noch) strengeren Klimapolitik auf Bedenken aus der Wirtschaft blicken. Die wirtschaftliche Vernunft im Sinne einer Kosten-Nutzenüberlegung scheint zunehmend ausgeblendet zu werden. Mit dem ursprünglichen Verständnis einer sozialen Marktwirtschaft sind die zunehmenden Eingriffe des Staates in die Wirtschaft kaum vereinbar. Dabei bieten doch die ausgeprägten Präferenzen für einen umweltbewussteren Lebensstil eine breite Basis für potenzielle Nachfrage nach entsprechenden Angeboten. Der politische Rahmen ist ohnehin auf eine nachhaltigere Politik ausgerichtet. Warum haben wir nicht ein wenig mehr Geduld, mit der Wirtschaft entsprechende Angebote zu schaffen? Das in den letzten Jahren stark ausgeweitete und qualitativ verbesserte Angebot vegetarischer Nahrungsmittel erscheint mir hier ein gutes Beispiel zu sein. Zwischen Juli 2017 und Juni 2018 kamen 15 % der weltweit neuen veganen Produkte aus Deutschland, zudem sind insgesamt 8 % der Lebensmittel- und Getränkeeinführungen in Deutschland als vegetarisch ausgezeichnet und 14 % als vegan [Quelle: proveg.com]. Die Betonung der positiven Ansätze sollte nicht als Aufruf zur Bequemlichkeit missverstanden werden, unterstreichen aber vielleicht, dass ein Abflachen des moralischen Berges gefahrlos riskiert werden könnte.

4. Corona => Hier geht es mir nicht primär um den moralischen Berg. Insgesamt empfinde ich aus Perspektive des Dezembers 2020, den Umgang mit der Pandemie in unserer Gesellschaft positiv. Noch im Februar 2020 konnte sich niemand eine derartig tief greifende und umfangreiche Änderung des Lebens vorstellen. Die jedem Einzelnen auferlegten Einschränkungen sind gewaltig. Die große Mehrheit akzeptiert diese Einschränkungen in imponierender Manier. Die Beschäftigten und Unternehmer im Gastronomiebereich müssen, wie auch viele im kulturellen Bereich Tätige, die drakonischsten Einschränkungen hinnehmen. Ein Berufsverbot kann kaum anders bezeichnet als ‚drakonisch'

genannt werden. Die Politiker sind erkennbar bemüht, verantwortungsvoll mit der Situation umzugehen. Einige der Entscheidungen können kritisch hinterfragt werden, aber im Unterschied zu einigen anderen der bereits erwähnten Themen ist spürbar, dass auch Politiker (mit einigen prominenten Ausnahmen) bereit sind, explizit zuzugeben, dass die jeweiligen Entscheidungen unter großer Unsicherheit getroffen werden. Mir erscheint dies legitim. Als Blankoscheck für weitere und fortgesetzte Einschränkungen ist dies aber nicht zu verstehen. In Teilen erscheint eine gewisse Müdigkeit erkennbar, die Verhältnismäßigkeit der Maßnahmen jede Woche aufs Neue zu rechtfertigen. Dieser Bürde der Rechtfertigung müssen die Politiker jedoch bereitwillig und dauerhaft nachkommen. Die Einschränkungen sind von derart tiefer Natur, dass die Rufe nach parlamentarischer Kontrolle und einer höheren Transparenz gerechtfertigt und notwendig sind. Wird diese Verpflichtung angenommen, wird auch eine ‚Querdenker-Bewegung' nur eine Randerscheinung bleiben. Auch sollten diese Randerscheinungen nicht dämonisiert werden, sondern können den Beteiligten vielmehr als berechtigtes Warnsignal dafür dienen, dass auch eine von Wissenschaftlern und Ärzten gestützte Berufung auf ‚Inzidenzwerte' nicht jegliches politische Handeln legitimieren kann. Der angesprochene Haltungsjournalismus ist auch hier fehl am Platz und wird gesellschaftliche Fliehkräfte nur unnötig verstärken. Es scheint mir nicht die Zeit für moralische Masturbation, sondern für pragmatisches Handeln mit Augenmaß.

Unsere Generation steht auch bei Corona in der ‚Mitte'. Auf der einen Seite tragen wir die Verantwortung für unsere Kinder und auf der anderen Seite stehen unsere Eltern als Risikogruppe. Es wird zudem primär an uns liegen, die heute noch kaum zu überblickenden wirtschaftlichen Folgeschäden zu bewältigen. Es würde mich nicht überraschen, wenn sich hieraus auch eine Verschiebung der Prioritäten und Präferenzen in Bezug auf den ein oder anderen Politikbereich ergeben. Staatsverschuldung (Target-Salden), Inflation und Massenarbeitslosigkeit wären Probleme, die unserer Generation insgesamt erstmalig einen spürbaren wirtschaftlichen Abschwung erleben lassen. Diese Erfahrung blieb uns bisher weitgehend erspart. Wir waren in den letzten zwanzig Jahren weitgehend mit ‚*First world Problems*' konfrontiert. Selbst die Finanzkrise, die aus volkswirtschaftlicher Sicht alles andere als trivial war, hat doch unser Selbstverständnis einer wirtschaftlichen Wohlfühlblase nicht nachhaltig beschädigen können. Aber in diesem Fall habe ich tatsächlich das Gefühl »Wir schaffen das«. Die Flüchtlingskrise möchte ich in diesem Zusammenhang, auch wenn die Formulierung verbrannt ist, nicht als zusätzliches Thema aufmachen. Ich denke auch nicht, dass der Flüchtlingsstrom ein wirklich neues Thema war, das eine besondere bzw. gesonderte Beachtung verdient hätte. Zudem waren die Problemursachen weit weg und geopolitisch vielschichtig. Als reiches Land können wir Hilfszahlungen leisten, aber sobald der Eindruck entsteht, diese Hilfszahlungen seien Transferzahlungen, stößt das ‚wir' an Grenzen.

‚Wir' als Deutschland hätten über Jahre hinweg auch einfach mit gutem Beispiel vorangehen und unsere Zusage von Entwicklungshilfezahlungen (0,7 % des BIP) einhalten können. Haben wir aber nicht. Vielleicht hätte dies die Ursachen wirksam bekämpfen können oder zumindest einen entsprechenden Beitrag leisten können. Das implizierte Fragezeichen hinter dem letzten Satz ist allerdings gewaltig. Die Schwächsten zu unterstützen sollte für uns stets ein Gebot der Nächstenliebe sein, aber die ganze Welt werden wir nicht retten können. Hilfe zur Selbsthilfe scheint hier sowohl nach außen als auch nach innen ein vernünftiger und realistischer Ansatz zu sein. Die Ausgestaltung dieses Lastenausgleichs könnte für unsere Generation eine der zentralen politischen Aufgaben werden. Dabei werden wir nun auch intensiv daran arbeiten müssen, den Kuchen insgesamt wieder größer werden zu lassen, bevor es dann an die Umverteilung geht. Es wird schon irgendwie weitergehen – das zumindest ist alternativlos.

5. Das Unpolitische => Zu welchem Thema ‚nach Corona' sollte ich mich noch äußern? Ich habe gemerkt, dass es schwer ist, überhaupt eine belastbare oder pragmatische Position zu den oben genannten ‚großen Brocken' zu beziehen. Wir müssen als Generation unseren Teil dazu beitragen. Werden wir auch. Bei mir selbst merke ich aber zugegebenermaßen recht deutlich, dass es mich, obwohl ich in der Lage bin, eine politische Meinung zu formulieren, ins Private zieht. Ich bin zu bequem dafür, zur Durchsetzung

meiner Präferenzen und Überzeugungen politisch zu streiten. Diese Zeilen hier sind bequem und unter Pseudonym veröffentlicht. Tatsächlich beschwere ich mich aber auch nicht über die politische Lage. Grundsätzlich bin auch davon überzeugt, dass unsere Demokratie funktioniert. Ich kann auch weiterhin ohne großen Enthusiasmus die FDP wählen und mit etwas resigniertem Gefühl auf die SPD gucken. Auch mit Herrn Habeck als nächsten Bundeskanzler könnte ich wohl leben. Vermutlich wird das Leben dann noch etwas teurer, aber dann arbeite ich lieber die fünf, sechs Stunden mehr im Monat und stehe am Ende mit dem gleichen ‚Netto vom Brutto' da – was soll`s. Mit dieser Einstellung bin ich vermutlich auch nicht allein. Wir sehnen uns nach einem Ende der Pandemie und die Rückkehr zur Normalität (dies gilt auch noch im Januar 2021, wo ich gerade diese Zeilen nochmals überarbeite). Wir wollen uns um die Familie kümmern und ungestört arbeiten. Es ist die zu Beginn beschriebene Routine. Wir haben unsere berufliche Position gefestigt und wollen nun geräuschlos zwanzig Jahre weiterarbeiten und uns dabei etwas auf die hohe Kante legen. Trotz Corona spricht viel dafür, dass es noch weitgehend funktionieren kann. Unsere Rente wird absehbar weitaus übersichtlicher ausfallen als in der Generation unserer Eltern bzw. werden wir einfach (deutlich) länger arbeiten müssen. Soll der sogenannte Rentnerquotient (und das Rentenniveau) konstant gehalten werden, müsste unsere Generation bis etwa 73 Jahre arbeiten [Quelle: IW-Kurzbericht 27. 2016]. Würde es uns ernsthaft stören, würden wir schon lange auf die Straße gegangen sein, den überraschen können solche Statistiken niemanden. Aber wir mögen unsere Eltern und bleiben daher ruhig – was soll`s. Auf der anderen Seite wäre ich mir nicht so sicher, dass uns die ‚Fridays for Future'-Generation ausreichend ‚mag', um unsere Rente zu zahlen. In deren Augen haben wir den Planeten zerstört und ob diese Generation sich an eine Art ‚Generationenvertrag' hält, den es ja lediglich in unserer Vorstellung gibt, erscheint unsicher. Mir fehlt es am moralischen Rüstzeug (oder der kindlichen Naivität), mich über die Umweltbilanz oder den Happiniess-Index zu freuen und mich über meine ausgehöhlte Rente hinwegzutrösten, aber solange das Geld auf der hohen Kante ausreicht, mir die neue Playstation zu kaufen, ist es mir eigentlich auch egal. Wenn wir also zur ‚übersprungenen' Generation werden sollten, bin ich mitschuldig.

5. Ausblick

Nun habe ich schon die Rente angesprochen. Mit vierzig erscheint mir die Rente aber noch ein Stück entfernt, insbesondere wenn tatsächlich ein Renteneintrittsalter von 73 Jahren auf uns wartet. Ich kann auch nicht sagen, dass ich mich ‚aktiv' auf die Rente freue oder diese herbeisehne. Es scheinen noch zu viele Aufgaben vor mir zu liegen. Primär denke ich dabei an meine Aufgaben innerhalb der Familie. Ich freue mich darauf, meine Töchter aufwachsen zu sehen. Nehme ich ihr kindliches Temperament zum Maßstab, wird die Pubertät schwierig. Das Zusammenleben und der Zusammenhalt mit dem Hausdrachen werden erwartungsgemäß auch die eine oder andere Anstrengung beziehungsweise beständige Kompromisse erfordern. Heute erkenne ich auch, wie weise Ephraim Kishon war, als er stets von der ‚besten Ehefrau von allen' schrieb. Brillant. Diese Feinsinnigkeit fehlt uns heute und die Scheidungsrate ist höher.

Aber ich möchte lieber an meiner Bemühungen um einen positiven Ausblick festhalten. In Bezug auf die gesellschaftliche Perspektive habe ich bereits mein »Wir schaffen das« formuliert. Für meine berufliche Zukunft kann ich zwar nach der Corona-Erfahrung eine bestimmte Unsicherheit nicht ausklammern, aber solange meine Routine nicht zu sehr gestört wird, werde ich auch eine gewisse Entwertung meiner Arbeitsleistung ertragen. In der einen oder anderen Form werde ich schon eine Arbeit finden. Sterben werde ich auch – meine kleine Tochter fragt mich beständig wann es soweit ist.

Vielleicht bereits vor der Rente. Das wäre ärgerlich, aber ich spüre, dass mit zunehmendem Alter die Akzeptanz für den eigenen Tod langsam zunimmt. Noch wäre es ein wenig früh, aber eine absolute Tragödie wäre es aber auch nicht mehr. Auch die entgangene Zeit mit dem Fußballmanager 2035 wäre wohl zu verschmerzen. Gewisse Dinge müssen wir lernen hinzunehmen, auch um dem Infarkt zu entgehen. Joe Hallenbeck hat auf den Punkt gebracht (Quelle: quotes.net): »*Water is wet, the sky is blue, women have secrets … who gives a fuck?*"

Quellenverzeichnis:

Da es sich hier nicht um eine wissenschaftliche Arbeit
handelt, erschienen mir ausführliche Fußnoten anfangs
recht albern. Dennoch habe ich an diversen Stellen auf
spezifische Quellen bezuggenommen, welche ich hier
nun pflichtschuldig auflisten möchte. Die Links zu den
öffentlich zugänglichen Artikeln sollen dem Interessierten die Recherche erleichtern und verdeutlichen, dass
meine Betrachtungen auf einigermaßen objektiv nach-
vollziehbare Grundlagen zurückzuführen sind. Die Auf-
listung erfolgt chronologisch.

Kapitel 1:
- *Abiturientenquote*; Wikipedia, »Quote der Studienbe-
  rechtigten« (Gesamtdeutschland); https://de.wikipedia.
  org/wiki/Abiturientenquote
- *Durchschnittsalter bei der ersten Geburt*; Bundeszentrale für politische Bildung, Alter der Mütter bei der
  Geburt ihrer Kinder (Durchschnitt, Westdeutsch-
  land);
  https://www.bpb.de/nachschlagen/zahlen-und-
  fakten/soziale-situation-in-deutschland/61556/
  alter-der-muetter#:~:text=es%20best%C3%A4n
  dig%20gestiegen.-,2018%20waren%20die%20
  M%C3%BCtter%20beim%20ersten%20Kind%20
  mit%20durchschnittlich%2030,Kind%20bei%20
  33%2C1%20Jahren.
- *Scheidungsquote*; Statistisches Bundesamt, Scheidungsquote in Deutschland von 1960 bis 2019;

- https://de.statista.com/statistik/daten/studie/
  76211/umfrage/scheidungsquote-von-1960-
  bis-2008/#:~:text=Im%20Jahr%202019%20betrug%
  20 die,Deutschland%20rund%2035%2C8%20Prozent.
- Kapitel 2:
- *Wochenarbeitszeit*, Statistisches Bundesamt, Durchschnittliche normalerweise geleistete Wochenarbeitszeit im Jahr 2019 in Stunden;
  https://www.destatis.de/DE/Themen/Arbeit/Arbeits-
  markt/Qualitaet-Arbeit/Dimension-3/woechentliche-
  arbeitszeitl.html
- *Anzahl von Controllern in Deutschland*, »100.000 Controller in Deutschland«, Meier, S. (2014), Onlineparti-
  kel in Springer Professional;
  https://www.springerprofessional.de/controlling/100-
  1-controller-in-deutschland/6601676
- *Professuren für Geisteswissenschaften*, Statistisches Bundesamt, Anzahl der hauptberuflichen Professoren und
  Professorinnen an deutschen Hochschulen im Jahr
  2019 nach Fächergruppen;
  https://de.statista.com/statistik/daten/studie/247329/
  umfrage/professoren-an-deutschen-hochschulen-
  nach-faechergruppen/
- *Hauptberufliche Lehrkräfte*, Statistisches Bundesamt,
  Anzahl der Lehrkräfte an allgemeinbildenden Schulen
  in Deutschland im Schuljahr 2019/2020 nach Bun-
  desländern;
  https://de.statista.com/statistik/daten/studie/201496/
  umfrage/anzahl-der-lehrer-in-deutschland-nach-bun
  deslaendern/

- *Beschäftigte in der Informationstechnologie in Deutschland*, Statistisches Bundesamt, Anzahl der Erwerbstätigen in der IT-Branche in Deutschland von 2007 bis 2019 nach Segment;
https://de.statista.com/statistik/daten/studie/186771/um frage/erwerbstaetige-in-der-it-branche-in-deutschland/
- *BÜNDNIS 90/DIE GRÜNEN*, Grün ist der Wechsel. Wahlprogramm 1998;
https://www.boell.de/sites/default/files/assets/boell.de/ images/download_de/publikationen/1998_Wahlpro gramm_Bundestagswahl.pdf
- *Qualifikationsspezifische Arbeitslosigkeit in Deutschland*, Institut für Arbeitsmarkt- und Berufsforschung der Bundesagentur für Arbeit, 15.10.2019;
http://doku.iab.de/arbeitsmarktdaten/qualo_2019.pdf

Kapitel 3:
- *Alter der Absolventen nach dem Abschluss des Erststudiums*, Statistisches Bundesamt, Durchschnittsalter von Hochschulabsolventen* in Deutschland in den Prüfungsjahren von 2003 bis 2019 [der Zugriff auf die komplette Statistik ist kostenpflichtig, aber die im Text zitierte Aussage ist unter dem nachfolgenden Link nachzulesen];
https://de.statista.com/statistik/daten/studie/189237/ umfrage/durchschnittsalter-von-hochschulabsolventen-in-deutschland/
- *Verweildauer bei einem Arbeitgeber*, Kein Job fürs ganze Leben – Jüngere wechseln ihren Arbeitgeber rasch, Astheimer, S. (2014), Onlineartikel FAZ;
https://www.faz.net/aktuell/karriere-hochschule/buero-

co/kein-job-fuers-ganze-leben-juengere-wechseln-ihren-arbeitgeber-rasch-12810272.html
- *Bezugsdauer Elterngelt*, Statistisches Bundesamt, Durchschnittliche (voraussichtliche) Bezugsdauer von Elterngeld nach Geschlecht [die hier referenzierten Statistiken waren bei Erstellung dieses Quellenverzeichnisses leider kostenpflichtig, daher habe ich nachfolgend den Link zu eine alternative Quelle des BMFSJF angefügt, welche die Aussagen ebenfalls stützt]
  https://www.bmfsfj.de/blob/113300/8802e54b6f0d78e160ddc3b0fd6fbc1e/10-jahre-elterngeld-bilanz-data.pdf
- Zitat: Coach Gary Gaines aus Friday night Lights, IMDb,
  https://www.imdb.com/title/tt0390022/characters/nm0000671
- *Sex in der Partnerschaft*, Wieviel Sex pro Woche ist normal in der Partnerschaft?, Brümmer, S. (2019), Onlineartikel Bild der Frau [*ich zitiere tatsächlich die Bild der Frau...*];
  https://www.bildderfrau.de/lust-liebe/liebe-sex/article215623333/wieviel-Sex-pro-Woche-ist-normal.html
- Zitat: Dialog zwischen Joe Hallenbeck und Jimmy Dix in »The last Boy Scout«, moviequotes.com;
  https://www.moviequotes.com/s-movie/the-last-boy-scout/

Kapitel 4
- *Parteibuchinhaber in Deutschland*, Statistisches Bun-

desamt, Mitgliederzahlen der politischen Parteien in Deutschland am 31. Dezember 2019;
https://de.statista.com/statistik/daten/studie/1339/umfrage/mitgliederzahlen-der-politischen-parteien-deutschlands/

- *Alter der Parteibuchinhaber in Deutschland*, Statistisches Bundesamt, Durchschnittsalter der Mitglieder der politischen Parteien in Deutschland am 31. Dezember 2019;
https://de.statista.com/statistik/daten/studie/192255/umfrage/durchschnittsalter-in-den-parteien/

- *Freiheitlich Demokratische Grundordnung*, Zusammenfassung der Bundeszentrale für politische Bildung;
https://www.bpb.de/nachschlagen/lexika/pocket-politik/16414/freiheitliche-demokratische-grundordnung#:~:text=Bezeichnung%20f%C3%BCr%20die%20obersten%20Grundwerte%20der%20Demokratie%20in%20Deutschland.&text=Damit%20ist%20die%20demokratische%20Ordnung,Grundwerte%20gelten%2C%20die%20unantastbar%20sind.

- *Europawahl 2014*, Bundeswahlleiter, Ergebnistabelle für 2014 und 2009;
https://www.bundeswahlleiter.de/europawahlen/2014/ergebnisse/bund-99.html

- *Wider die Anmaßung von Wissen* – Friedrich A. Hayek, Horn, K. (2013), Onlineartikel FAZ (Aktualisiert am 12.10.2013);
https://www.faz.net/aktuell/wirtschaft/wirtschaftswissen/die-weltverbesserer/friedrich-august-von-hayek-wider-die-anmassung-von-wissen-12605023.html

- *Zitate von Olaf Scholz auf Law360*, 'Scholz Warns Of ‚Dramatic Situation‘ If No Digital Tax Deal', von Buell, T. am 5. November 2020 [eigene Übersetzung]; https://www.law360.com/tax-authority/articles/1326157/scholz-warns-of-dramatic-situation-if-no-digital-tax-deal

- *Weitere Positionen von Olaf Scholz zur Digitalsteuer,* Da die zuvor genannte Quelle mittlerweile kostenpflichtig ist, sei ergänzend auf einen kurzen Artikel (Hoffnung auf die Digitalsteuer«) in der Onlineausgabe der Frankfurter Rundschau vom 25. August.2020 verweisen; https://www.fr.de/wirtschaft/hoffnung-auf-digital steuer-90030248.html

- *OECD Reformpläne zur Digitalsteuer,* »OECD veröffentlicht Blueprint zu neuen Gewinnzuteilungsregelungen (Pillar One)«, PwC Österreich Steuernachrichten 19. Oktober 2020, [Diese komprimierte Zusammenfassung enthält auf Verweise auf die Original-dokumente – für die wirklich Interessierten]; https://steuernachrichten.pwc.at/blog/2020/10/19/oecd-veroeffentlicht-blueprint-zu-neuen-gewinnzu teilungsregelungen-pillar-one/

- *Studie zu Unterschieden hinsichtlich der in einzelnen Ländern zu beobachtenden Präferenzen in Bezug auf diverse politische und ethische Fragen,* World Values Survey, Online Datenbank [hier lassen sich umfangreiche Reports kostenlos abrufen und auch Quelldaten können heruntergeladen und ausgewertet werden – sehr empfehlenswert]; http://www.worldvaluessurvey.org/wvs.jsp

- *Martin Schulz und Europa*, die hier skizzierten Positionen von Herrn Schulz lassen sich bei Bedarf seinem 2014 erschienen Buch vertieft nachvollziehen, Der gefesselte Riese – Europas letzte Chance, Schulz. M. (2014), Rowohlt Verlag, Berlin.

- *Vertrauen in Trump*, Umfrage Redaktionsnetzwerk Deutschland: Wie stehen die Deutschen zu Donald Trump? 15. September 2020 (Onlineartikel); https://www.rnd.de/politik/donald-trump-wie-beliebt-oder-unbeliebt-ist-der-us-prasident-in-deutschland-GIKM7VY7FQSO2LSPRJDNLZD4HE.html

- *Wolfgang Kubicki zum Haltungsjournalismus*, »Verbreiten Angst« – Kubicki rechnet mit Öffentlich-Rechtlichen ab, Onlineartikel auf Welt.de vom 04. Dezember 2020; https://www.welt.de/politik/deutschland/article 221764564/Wolfgang-Kubicki-FDP-Politiker-kritisiert-Oeffentlich-Rechtliche.html

- *Stern Report*, The Economics of Climate Change: The Stern Review, 2006, eine ausführliche Zusammenfassung mit weiterführenden Links ist auf der Homepage des London School of Economics unter folgendem Link abrufbar; https://www.lse.ac.uk/granthaminstitute/publication/the-economics-of-climate-change-the-stern-review/

- *Öffentliche Diskussion zum Stern Report*, Yale Symposium on the Stern Review, Yale Center for the Study of Globalization, February 2007; http://www.piketty.pse.ens.fr/files/oldfichiers051211/enseig/ecoineg/articl/SternReviewYaleSymposium2007.pdf

- Öffentliche Diskussion zum Stern Report [auf You-Tube kann die Diskussion zur vorgenannten Quelle nachverfolgt werden – empfehlenswert]: https://www.youtube.com/watch?v=ne5XtJkt4sI

- *Eurobarometer zum Klimawandel,* Europäische Kommission, Spezial-Eurobarometer 490, April 2019; https://ec.europa.eu/clima/sites/clima/files/support/docs/de_climate_2019_de.pdf

- *Vegetarische Lebensmittel,* Vegan-Trend: Zahlen und Fakten zum Veggie-Markt, Onlineartikel auf proveg.com vom 11.01.2019; https://proveg.com/de/pflanzlicher-lebensstil/vegan-trend-zahlen-und-fakten-zum-veggie-markt/

- *Rentnerquotient,* Institut der Deutschen Wirtschaft Köln, Wie lange arbeiten für ein stabiles Rentenniveau? Kochskämper, S. (2016), IW-Kurzberichte 27. 2016; https://www.iwkoeln.de/fileadmin/publikationen/2016/285314/IW__Kurzbericht_2016-27-Rentenversicherung.pdf

- Zitat: Dialog Joe Hallenbeck in »The last Boy Scout«, quotes.net; https://www.quotes.net/mquote/118791